至简投资

[第2版]

拉尔斯·克罗耶 (Lars Kroijer) 著

陈宋生 译

Investing
Demystified

How to Create the Best Investment
Portfolio Whatever Your Risk Level

中国人民大学出版社

·北 京·

译者序

"人们会认为股票是很妙的东西，他们会忘了原来的前提的局限性……于是，它创造了一个我们此生都没见过的泡沫。"

——巴菲特

霍金在《时间简史》中说道，"一本书上每多一个公式就会减少一半的读者"，因此本书将大部分的推导过程放在正文之后的附录以飨读者。当然《至简投资（第 2 版）》并非意在教授繁复的投资学知识——恰恰相反，它传达的是简单的思想，而相关金融知识只是投资战术的载体。有些想法一旦被注入脑海，就是一颗种子。当你沉醉于泡沫表面反射所带来的彩虹幻梦时，种子会生根发芽，大树的荫蔽或许会限制视野，但也能让你认清面前唯一一条现实的道路：Nobody can beat the market。

　　近期中国银行原油宝事件再次将大众理财拉回了投资者的视野。传统理财是期待稳中求好，还是追求"大跃进"？2020 年 4 月 22 日中行确定以 CME 官方结算价－37.63 美元/桶轧差移仓。这是原油期货合约首次出现负数，不少投资者也是一夜"暴负"。值得注意的是，这里遭难的大部分投资者并非久经沙场的老手，而是初涉投资的"金融小白"。原油宝事件的引爆与中行的宣传差错自然是脱不了干系，而投资者自身是不是也应该能有所防范呢？"若要在坚硬的高墙与击石的鸡蛋之间做选择，我会永远站在鸡蛋那一边。"村上春树出于对弱势群体的感性如是说。这或许是正确的，但是至少这次事件不存在高墙与鸡蛋的对立，而是作为鸡蛋的投资者误认为自己是高墙，狠狠地将自己的身体甩在它所看见的鸡蛋上，对原油宝本质背后的高风险视而不见，而仿佛唾手可得一般的高收益却是资本的鼓吹。

　　泡沫总是美好的，抄底原油低买高卖，人性的贪婪在这里就如呼吸一般自然。与其说本书是金融投资的科普书籍，不如说是从金融角度客观地分析"贪婪"的代价，当然是以金钱进行衡量。各种金融分析工具只为导向作者的核心思想：没有人可以打败市场。通俗来说，每一位投资者都是"鸡蛋"，而非"高墙"。这听起来或许有些滑稽，但是书中缜密的分析与恳切的祈使句会让你在投资的狂热中冷静下来，而冷静往往也是处理问题的第一步，投资自然也不例外。那么从这方面来说，本书确实无愧于被称作投资入门的启蒙读物。

本书不仅思想前沿，而且建立了较为系统的投资方法。简而言之，本书第一章与第二章介绍市场及投资组合并且阐述本书的核心思想，即否定金融市场中的优势，同时这也是实施投资组合的基础。第三章确定理性投资组合的关键要素。第四章和第五章说明简单成本低廉的投资组合与最小风险资产是市场中最适宜的投资选择。这包括高利率政府债券和全球股票组合。第六章和第九章则从风险方面阐述股票市场和其他流行产品的潜在损失。如果你想试试更为复杂的投资组合，则可以加上第七章提出的其他国家和企业的债券。选择适合个人情况的投资组合，并且做长线，你将会获得一笔不菲的收入。第八章提出了非投资组合资产的选择，使得投资组合管理简单有效。第十章和第十一章说明投资成本的重要性。在成本方面精打细算，长期持有你的投资产品，避免频繁交易。长此以往，你的经济状况会大大改善。第十二章具体介绍了相关的投资产品。第十三章说明了养老金与保险的特点。第十四章与第十五章则设想了在想象末世与现实互联网时代下金融的特征与理想期望。第十六章为总结。

本书由我统筹规划、审核与最后审定全部译稿，我指导的学生潘远哲、帅业鑫、陈露丹参加了本书的初稿翻译。尤其是潘远哲同学付出了大量的努力，以其犀利流畅的妙笔完成了大量译稿的翻译与校对，十分感谢他们！我指导的博士生曹圆圆、严文龙、田至立、吴倩、邓婷友等，也通过不同方式通读了本书的初稿，感谢他们付出的时间与努力，尽管我们已经尽力，但还存在诸多不足之处，希望得到来自读者的宝贵意见！

陈宋生

2020 年 5 月

致　谢

本书的第一版出版后广受好评，让我深受鼓舞。来自全球的财务专家的建议大有裨益，而我也很高兴这本书似乎能够对人们的投资生活做出一点微小而持久的贡献。基于本书之前的成功，这一版回答了之前读者提出的一些问题，同时也强调了书中我认为简单且重要的投资思想。与上一版相比，本书淡化了相对不那么重要的知识点，并将它们移至附录，以保证正文的核心知识点与理性投资组合的地位。

本书是我第一次以半学术研究的方式写作的成果。与经常写本话题的金融专家相比，我获得了他人更多的帮助。我很激动也很荣幸有这些具有成就与见地的人愿意花时间帮助我。首先我想感谢我的妻子，Puk Kroijer，她从本书还只是我脑中的某种想法开始就一直支持我。而这些想法的出版是与 Chris Cudmore 始终如一的鼓励是分不开的；最后我想感谢 Eloise Cook 和培生教育出版集团对本书的大力支持。

许多朋友也对本书的完成发挥了重要作用。当我在本书写作的初期道路上慢慢摸索时，他们给出了许多建议：Steven Felsher 仔细地计算了每页的单词量（一页草稿上超过 800 个单词），以前的办公室伙伴 Edwin Datson，Mark Hunter，Stuart Hamilton，Chris Rossbach 用他们尖锐的笔触帮助修改；全球指数的 Paul Amery、Monevator 博客的匿名评审人、黑岩集团的 Coenraad Vrolijk、国际清算银行的 Morten Bach、伦敦政治经济学院的 Stephane Guibaud，哈佛大学的前导师 Andrei Shleifer 以及哈佛商学院的 Jay Light 也给了我很多帮助。

我同时也想感谢通过各种渠道和我联系的第一版读者。撰写本书的成就感莫过于我确实能够帮助人们将投资生活变得更加简单、更加美好。我非常感谢你们让我知道这一点。

最后我想感谢所有给予本书写作帮助的财务精英。虽然本书从大体上来说将会降低整个投资业的费用，但是与我有过谈话的投资人都表示他们始终将顾客的利益放在第一位。即使金融业在大众媒体中普遍存在争议，也许在未来几年可能会陷入困境，但是这种诚实的目标却预示着它的未来。

最后我想将本书献给我的四个女儿：Puk，Anna，Sofia 和小狗 Sydney。

前　言

今天，大多数学术文献和许多其他的财经媒体都告诉我们怎样去赚钱。我们不断被关于下一个苹果或谷歌的股票小贴士轰炸，阅读到大量的关于印度或者生物科技将会是下一个投资热点的文章，或者被告知绩效优异的明星投资经理的持续投资技巧。这之中隐含的信息是只有一些不知情的人没有获得这个建议，并且使他们变得更穷。我们并不希望自己会是这样！

本书以一个非常不同的假设开始。其假设市场是十分有效率的。尽管可能有部分人能够击败市场，但绝大多数人不会是其中之一。用金融行话来说，大多数人相对于金融市场来说没有优势，也就是说他们不能通过有效的选择与对市场提供的投资组合的不同投资来击败市场。作为一名投资者，接受并理解没有市场优势是本书所建议的投资方式的前提，我将会在后文中详细解释。

本书的目标读者是谁?

本书是写给世界各地有着如下共同点的投资者的:

■ 他们觉得他们没有从金融行业获得物有所值的体验，而且还发现了它是不透明的，但他们意识到投资对他们的生活有多么重要。他们阅读了非常丰富的金融书籍，但感觉在例如支付费用方面结果很差。请问，客户的游艇在哪里? 他们甚至没有一艘小划艇。

■ 理想情况下，他们更想要一个简单的投资组合，但是同样想在他们愿意承担的风险下获得最好的投资回报。

■ 他们很可能会向典型的投资经理进行投资（尽管他们自己也一样），因为他们通过时髦的广告宣称有着很好的历史成绩，这可能与投资后的回报情况不符。

■ 他们可能持有如谷歌、苹果、埃克森美孚、沃达丰这样的蓝筹股公司的股票，但是同时必须认识到他们并不是股票挑选专家，这些最好留给那些专业人士。

■ 他们可能被众多的建议和投资/储蓄策略搞糊涂了，因而决定大致抄袭一下朋友的投资组合，尽管已经知道这并不是最好的选择。

■ 他们可能对金融很了解并且很感兴趣，但是因为繁忙的日常工作而没有时间花费在个人投资上。他们需要一个让他们晚上能够休息好的投资组合，知道他们的储蓄会被照看好而不需要花费太多时间。

■ 他们可能在一位值得信任的顾问的帮助下简化了繁复的投资产品，但他们无法理解他们的投资组合，并且可能根本就不知道顾问是否会从他们支付的高额费用中分得一部分。

■ 他们可能也会考虑长期投资。本书尽管有许多即时行动的项目，但是并没有提供"抓住下一个热点股票"或者"不起床就赚 10 000 美元"之类的方法。

■ 他们想要一本关于如何在经济上每年做得更好一点，并且随着时间的推移会产生很大的累积效应的书。如果一名对冲基金经理是一辆涡轮增压的法拉利，那么本书更像是一辆灰色的大众——它作为更好的选择能够使你安全到达目的地。

因此本书的目的是研究不清晰且不透明的金融市场并揭开其神秘面纱。一旦投资者了解了自己并没有投资优势来击败市场，并且知道这是完全可以接受的，那么理性的下一步就非常合乎逻辑且简单了。我将这下一步称为成为理性投资者，而将该投资者的投资称为理性投资组合。

那么什么是理性投资者？

理性投资者

理性投资者从不认为他能够击败金融市场，也不认为能够找到投资基金做到这一点。他为投资产品支付很少的费用，并将税和非投资资产考虑在内。①

尽管我并不奢望所有的读者都了解金融，但是一些基本知识还是非常有用的。那些没有任何基本金融知识的人会发现，想要区分一本未经证实的声称可以长期改善风险调整后的表现的无耻书籍和一本营销良好的、金融相关的、看起来吸引人的、声称人人都可以成为沃伦·巴菲特的书籍变得更加困难。怪不得大多数人都希望成为亿万富翁里的超级巨星。

然而为了使得本书成为一本简单易读的金融书籍，我们将会减少对理论知识和复杂的数学运算的运用。尽管它们在支持本书提出的论点方面发挥着核心作用，我非常希望你理解我所提出的建议是获得理论上的最佳投资组合的最好的实际实施方案，但为了便于阅读，我试图将理论和数学运算保持在最低限度，并将其中一部分放在你可能选择跳过的表格中。同样，对于

---

① 市场上谈论的是投资者"有优势"（having edge）——而不是"有一种优势"（having an edge），也不是"对市场有优势"（edging the market），但是为了易读性和可理解性，本书将金融行话减到最少。

想要进一步探索背后的道理的人来说，有一部分有限的脚注和参考文献可以提供帮助。

相比于本书的第一版而言，第二版主要有两大不同。为了使论证更加简化，第二版有了更多切合要点的附录。如果你有兴趣或想要进一步了解各个要点的解释，那么我建议你仔细阅读它们。此外，我已经淡化了在投资组合中增加其他政府债券和公司债券的建议。我觉得将这些类别资产的复杂性添加到投资组合中的缘由与本书的核心思想略有不同；也就是说，你可以拥有一个非常强大同时也非常简单的投资组合。对于那些能够处理这种复杂性的人，我仍然认为在投资组合中添加其他的政府债券和公司债券是有好处的，但我也不希望读者认为这种复杂性是绝对必要的。

本书大量地使用了诸如估计、猜测、大约、左右、几乎、相对、合理之类的词语。这是因为本书所讨论的内容通常关乎未来发生的事情，而声称确定性显然是在误导。大多数要点都是我们思考相关问题的框架时所期待的公允估计。现实几乎肯定跟与我们预测的会有不同，如果我们试图过于精确地预测它，那么也许结果会对我们的逻辑进行无情的嘲弄。我在例子和讨论中使用了英镑、美元、欧元等通用货币。这是故意的，因为书中所讨论的大多数主题都不依赖货币。投资者很明显最关心他们自己的货币的风险敞口，但是英镑投资者所面临的问题与欧元投资者所面临的问题基本相似。

为了配合这本书，也为了将这个领域的相关知识传播给那些不愿意阅读 250 页的关于投资的书的人，有一些关于书中讨论的问题的视频挂在了网站 Kroijer. com 和我的 Youtube 频道上，我还会使用这些途径阐述业界最新的发展和想法。请前往观看并自由分享。你可以在 Facebook（Lars Kroijer）和 Twitter（@larskroijer）上关注我。在那里我同样会保持更新，并且上传我认为任何与你们有关的内容。

本书的读者是谁？

这本书在很大程度上得益于我管理对冲基金和实际投资的经验，但也依赖关于投资组合的学术研究。一位曾经的对冲基金经理写一本关于没有优势的投资的书可能看起来像一位牧师在写无神论指南。但是，在我看来，它们完全不一样。一些投资者在市场上占有优势的事实并不意味着大多数人都拥有优势。拥有"优势"者通常指的是那些可以接触到最好的分析、信息、数据和其他资源的极少数人。而其他大多数人完全不能与之相比，试图相比的话，结果会更加糟糕。

或许，对于那些了解我曾是对冲基金经理的人来说（我在之前的书《货币特立独行——一名对冲基金经理的自白》中讲述了我运营一家对冲基金的经历），会对我在对对冲基金知之甚少之前对最优投资组合理论最感兴趣而感到奇怪。有一段时间，我考虑过在这个领域拿一个博士学位并成为一名教师。结果，大学毕业之后负债累累的我收到了华尔街的高薪邀请。在那之后我拿到了 MBA 学位并且面试了一家对冲基金。如大家所知道的，事情发生了。所以我在最优投资组合和一般金融理论方面有很多经验，而且也有在金融市场运作的经验。因为我在 2008 年年初停止了运营我的对冲基金（偶然的时机），所以我主要专注按照本书中讨论的方式投资我自己的资金，并且拥有丰富的关于书中讨论的产品的交易经验。

目 录

CONTENTS

第一篇 导 言

第二篇　理性投资组合

第四篇　需考虑的其他事项

附　　录

第一篇　导　言

市场及投资组合介绍

目　标

本书致力于帮助理性的投资者找到任意风险水平下具有丰厚回报的投资组合。投资中你可能会考虑风险、税费、嵌入其他资产的组合，然而本书传授的方法会比这些更为实际——赚更多的钱正是本书的宗旨。掌握市场中大多数人无法企及的投资策略，定能让你的投资细水长流，高枕无忧，获得应有的回报。

这大概是一本与成功学心灵鸡汤不太相关，仅仅朴实地关注投资的书。我不会分析公司账目，探寻经济走向，也不会发掘潜在"金牛"产品，鼓吹下一个"牛股"或是类似的东西。相反，我会尽我所能令你相信，你只不过是大千世界中追名逐利的平凡一员——或许还需略微懂些复杂分析罢了。这也是我将讲授的关于投资的基础。换句话说，这是一本适用于"投资小白"的指导书。

现实世界中，很少有投资者在金融市场中拥有过人之处。大部分的投资者只是拾人牙慧，对最准确真实也最具有时效性的信息、走向分析和已完成的模型采取拿来主义。这些人乐于和企业家、分析家、经济学家、商家、顾客交流。他们通读新闻报道、文件档案、小道消息，之后运用最复杂的系统和财务模型对此进行分析，在此之后才敢进行交易。尽管做了如此周密的准备，我们仍不知道作为团队的专业投资经理是如何成为市场弄潮儿的。我们作为投资者在挑选出众的经理方面可能并不独具慧眼，就像我们选择股票一样。不过，在这两方面发生的高昂费用反而使得一夜暴富更加遥不可及。因此大部分人慨叹不如收手，退出这种耍猴似的金融市场。

但是，缺少投资竞争优势并不意味着应放弃投资。放弃投资意味着放弃资本市场中潜在的长期收益或者国债的高利率收益。如果能坦然地接受自己在投资中不具有持续盈利的天赋或优势，那么反而容易从简单易懂的投资结构中获利。值得注意的是，从实际与组合理论来看，简易的投资组合反而接近最理想的投资状态。我将这种组合称为理性投资组合，实施这种组合的投资者称为理性投资人。一旦你认识到自己在投资市场不具有天生的优势，我希望你能同意这种理性投资的看法。

虽然大部分人渴望自己在股市中具有万里挑一、叱咤风云的能力，最终成为超越比尔·盖茨的富豪，但是现实却是只有极少数人能够在市场中独占鳌头，或者认识能够为他们做到这一点的人，大多数人不过是东施效颦。如果你能认识到你根本不具有这种能力，那么这反而是你投资生涯中前进的一大步。那么这会让你的投资事半功倍，最终引导你走向优秀投资者的道路。

我将阐述的理性投资组合，相较其他投资者的投资行为会更为简单，不过也会更为强调投资理论与实际操作中的稳健。在绝大多数投资者无法获得超额收益的前提下，正如我将在本书中阐述的其他观点一样，你在股权投资中只需要紧跟世界股权市场的变动。这与你从其他金融顾问那里得到的建议相比可能过于简单，但却是相当重要的一个观点。我希望你现在能牢牢记住。即便不考虑它与其他传统投资组合相比所能节省的大量投资费用，这种投资组合也能凭借其多样化与最优化，给投资者提供全面清晰的风险/收益分析。它的其他优势表现在较高的流动性、较低的税负及因客户需求而调整风险的良好弹性。换句话说，这是笔价廉物美的买卖。

通过廉价指数跟踪型产品（投资产品紧贴指数的表现）构建的理性投资组合，成本会大大降低。尤其是在权益投资组合中，与其他寻求市场超额收益的典型投资产品相比，每年你可以大约省下 2% 的费用支出。从长远来看，如果你年收入 50 000 英镑，30～67 岁每年节省 10%（在 30 岁是 5 000 英镑，从此之后每年因通货膨胀增加 2%），且考虑因市场投资而获取的 7% 年收益，那么当你 67 岁时，仅仅因当初投资选择的差异而节省的 2% 费用带来的收益就令人瞠目结舌（见图 1-1）。

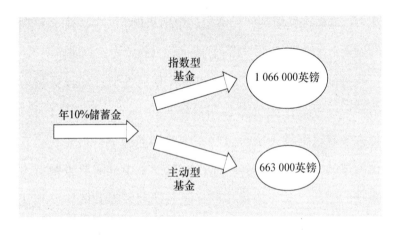

图 1-1　节省费用的例子

你将在退休时成为百万富翁，手握高达 403 000 英镑且仍在持续增长的财富。在 67 岁时合计节省费用 281 000 英镑，但是因为你采取了理性投资组合，这部分收入因此增加至 106 万英镑。

你可以自己试着算算其他水平下投入与回报的关系，或者在仅进行一项投资的情况下收入的大小。当你在摆弄这些数字时，你会发现结果是不变的：除非你在市场中具有信息优势或其他优势，成本低廉的理性投资组合带来的长年累月的收益总是显著高于其他投资组合。请将这一点牢记于心并付诸行动。

我们将在什么时候退场？

在本书的结尾，我希望你能成为一个理性的投资人。在这场投资之旅中有三个主要观点，请理解并灵活运用它们。

1. 接受自己不是投资天才的事实

能够接受自己不是天赋异禀的投资者并不代表他们对金融世界一无所知。其实他们才是最聪明的人。但是他们知道比所谓投资优势更加重要的事实：他们认为他们在市场中根本不具有信息、分析或是其他优势。金融世界中可能存在天选之人，但那绝对不是我们自己或是我们认识的人。

太多人认为他们是幸运儿，只有剩下的少数派头脑清醒。当然，你们在金融市场上碰到的大多是前者。银行、保险、证券、传媒业的从业者都直接或间接地从投资者付给金融行业的费用中获取收入。这种收入有着各种鼓吹投资者盲目投资的专家背书，而这种专家仍然大受投资者青睐。其实并非如此。

我们得成为理性投资者，这才是我们在投资市场中具有的优势。希望看完以上内容，你的反应是："好的，我明白这为什么重要了。我们之后该做什么呢？"

不正确的主张

大部分投资者将会在本书的指导下赚大钱，即使他们不得不接受自己相对于市场并无优势的事实。

---

2. 理解理性投资组合的组成部分

理性投资组合包括最低投资风险的全球股票和其他政府债券与企业债券的组合。即便依据某些个人因素如风险倾向与税负进行调整，从长远看，这种投资组合也不会获取超额收益。

"如果不能一夜荣华，那我为什么去投资？"这是初涉投资者很自然会问的问题，因此我们最好从为什么不去投资这个方面回答。如果不投资，那么是把钱塞到床垫下，还是买珍珠项链埋在花园里呢？"不投资"到底意味着什么呢？把钱存入银行里就为那点微乎其微的利息，更别提银行的信用风险了。简单地说，金钱的价值不会自己增长，只会随着通货膨胀而贬值。

上面的例子表明"什么都不做"意味着退休时只有 281 000 英镑的储蓄金，而在理性投资组合中投入相同数额的储蓄金会带来 106 万英镑的收入。

希望你能相信本书提及的理性投资组合是你能在理论与实际中发现的最优解，同时也是你能通过投资赚取更高利润的方法。因此，"理性投资理论"不是某位你从未听说过的投资专家的心血来潮，而是金融界最为敏锐的头脑在投资理论中经年累月的研究成果，具有成本效益和实践指导意义。理性投资组合的收益不会立即显现出来，这是一项个人持有数年或数十年证券的长期投资策略。

适宜货币的高利率政府债券、全球股市中范围更广的指数追踪型基金、其他具有合适利率的政府或企业债券类产品等理财产品的组合是理性投资的核心（见图 1-2）。我将会量化这种组合的风险/投资分析，并且解释低费用支出是获取长期投资收益的关键。你可能会对我有关费用的喋喋不休感到厌烦，但是，如果你充分理解费用，你就步入投资理论的正轨了。

本书的一个主要观点：只要全球股票基金

你只需要投资全球股市的指数追踪型基金就够了。接受这个事实将会使你的生活更加简单和富有。

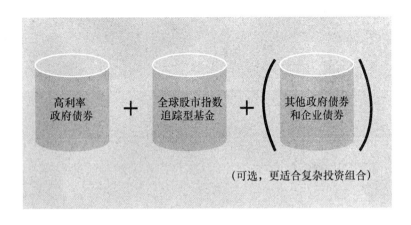

图1-2　理性投资的核心

这三种资产类型的组合取决于你的个人情况，特别是你的风险倾向。我将会给你最为简单的投资选项并且帮助你进行组合。我也将阐述某些资产类型不适用于理性投资组合的原因，特别是房地产和大宗商品。

3．私人定制你的投资组合

为了使你的投资收益最大化，你必须开始考虑金融市场的投资风险及其对你个人情况和风险倾向的影响。你的资产和负债结构、它们的内在关系以及税负情况都是决定投资组合的前提因素。我会讲述投资完全失败的情形，同时也会提及退休金和保险在投资组合中的重要角色。要把这些弄懂可不是简单的事。

最终你会学会上面所提及的要点。我会非常谨慎地提及一些具体的投资项目作为对高速发展的指数跟踪型基金的补充，但是我仍将重心放在具有典型特征的投资项目上。

60 秒了解本书的四项内容

1. 你必须承认你在金融市场中不具优势。大多数人都不具有，这没什么。但是，你得在此基础上计划并实施你的投资组合。

2. 简单且成本低廉的投资组合是市场中最适宜的投资选择。这包括高利率政府债券和全球股票组合。如果你想试试更为复杂的投资组合，可以加上其他政府和企业的债券。选择适合个人情况的投资组合，并且做长线，你将会获得一笔不菲的收入。

3. 你的个人情况很重要，三思而后行。仔细考虑你的个人风险倾向和税负情况，同时也注意你的非投资资产和负债。

4. 在成本方面精打细算，长期持有你的投资产品，避免频繁交易。长此以往，你的经济状况会大大改善。

市场优势是什么，你拥有它吗？

本书的一个关键前提是我们无法一直合法地赢得市场，而实际上也找不到任何投资者能够做到这一点。然而，必须承认市场优势确实存在。这是为什么？

先思考下面两个投资组合：

A：标准普尔（简称标普）500 指数投资；

B：一个包含标普 500 指数股票的投资组合——任何你认为能跑赢指数的股票。它可以包含数量从 1 到 499 的股票种类，或者包括全部 500 只股票，但与指数的权重不同（基于市场价值的比例）。

如果你在缴纳高额的费用以及支付创建 B 投资组合的开支之后还能一直保证比 A 投资组合有更好的收益，那么你就在投资标普 500 指数股票上获得了优势。如果你不能，那么你就不曾拥有该优势。

乍一看，似乎在标普 500 指数股票上获得优势十分简单且容易。你所需要做的工作就是从 500 只股票中找到一些比其他股票表现更好的股票，而且在这之中确实有非常多的"哑弹"。实际上你只要找到其中一个"哑弹"，然后从组合中剔除它，你就已经领先了。这能有多难？同样，只要你挑选出一只表现好的股票，你就一样也领先了市场。

虽然本章中的例子来自股票市场，但投资者几乎可以在任何方面的投资上占据优势。而获得市场优势的方法是如此之多以致忽视它们的人看起来在承认自己的无知。直觉会告诉投资者他们不仅想要得到市场优势，而且那种不曾想过要获得的念头就如同是投降一样。他们想要占领并超越市场来赚钱，但也许也是他们获得市场优势的证据，是一种街头式的聪明或者以某种方式拥有的超强智慧。

竞　争

在考虑优势时，你究竟对谁有优势呢？很显然，是其他市场参与者，而不是其他任何人。你会思考他们实际是谁，他们拥有什么样的知识储备，他们会进行怎样的分析。

苏珊，一名为高评级互惠基金（取名叫能力基金）工作的、重点关注科技板块的证券投资经理，正像我们一样关注着微软公司。

苏珊和能力基金能够轻易地得到所有的关于微软公司的研究报告，即使是摩根士丹利和高盛等大机构的从比尔·盖茨创建微软公司开始就一直研究它和它的竞争对手的分析师的长达 80 页的深度研究报告也不例外。这些分析师清楚地知道微软公司所有的业务流程，包括敲代码的程序员和设计优秀广告的营销团队。他们可能是曾经为微软公司或它的竞争对手工作过的员工，也可能是那些上过哈佛或斯坦福大学的高级管理人员。在他们的最顶层，这些分析师频繁地和微软股票交易的市场领导者对话，并且可以比几乎其他所有交易商更快、更准确地看清市场动向。

因为和能力基金的交易产生佣金，所以所有的分析师都会和苏珊进行长期的定期交流。微软公司的股价对能力基金至关重要，苏珊仔细地阅读所有的相关报告——了解市场的动向非常重要。苏珊欣赏微软公司的技术产品开发，这部分源于她在麻省理工学院学到的计算机科学相关知识。苏珊的书呆子式的想法因她那些依靠直觉来做判断的同事而得以平衡，从而可以看到技术大趋势，以及微软公司如何察觉到这种变化和如何应对这种变化的商业环境。

苏珊和她的同事经常参加各种信息技术会议，频繁地与微软公司以及其他同行业的公司高层人士会面，并且与他们之中的大多数人非常熟悉。微软公司也安排能力基金的人员访问该公司在世界范围的销售及研发部门的高层管理者，苏珊还和微软公司的部分大客户进行过交流。

和银行的研究分析师一样，能力基金也有一支分析销售趋势和发现潜在挑战的专家队伍［他们曾发现了脸书（Facebook）和谷歌（Google）］。此外，能力基金有经济学家在研究美国和世界金融系统对微软公司业绩的影响。能力基金还有数学家在设计交易模型识别技术来帮助分析。

苏珊喜欢阅读科技方面的书籍，还喜欢所有能够获取的有关金融、投资的书籍，包括沃伦·巴菲特以及其他价值投资者的著作。

苏珊和她的团队知道她所关注的股票的一切（包括一些她不应该知道的，不过她只放在心里），而其中的部分公司比微软公司小得多，也没像微软公司那样被仔细地研究过。苏珊在许多评级网站上都是最高评级的基金经理之一，不过她对这些并不关心。从业超过 20 年的苏珊非常明白迅速变迁的世事，她专注于保持她的高水平从业能力。

你认为你可以比苏珊以及其他成百上千和她一样的人更有市场优势吗？如果你认为你可以，那你真是聪明且骄傲，或许下一个沃伦·巴菲特或乔治·索罗斯就是你，或者你还会超过他们所有人。如果你认为不是，那你就没有市场优势。而绝大多数人都是没有的。大多数人最好自己认识到一旦一家公司上市它的股价就反映了公司在真实价值，代表着该股票的未来回报，不过依然存在事情不遵循计划的风险。因此并非所有的上市公司都是好的——远远不是，不过还是有部分公司的股价反映了在既定的风险情况下公司会给股东以期望的公平的未来回报。

在运营对冲基金的时候，我经常会思考这个虚拟的苏珊和能力基金。我经常会设想一个超级聪明、与他人联系紧密、精通各种交易又有街头生存智慧的人，他清楚地知道成功和失败的内涵。然后，我会说服自己，在清楚地认识到我们相比他们更有市场优势之前不要参与交易。想要说服自己这种可能性很小，遗憾的是，想要实现这一点则更加困难。

选择合适的时机很困难

沃伦·巴菲特曾经说过："市场在大多数时间都是有效的并不意味着它们始终是高效的。"在投资领域提到沃伦·巴菲特就如同在高尔夫球场上谈论老虎伍兹。沃伦·巴菲特是一位世界知名的有着悠久成功历史的投资家，所以我们需要对他保持尊敬。

沃伦·巴菲特的言论理所当然是正确的。市场会在大多数甚至是绝大多数的时间里都非常有效率，但是会在其他时间非常低效。那么我们这些区区凡人怎么知道呢？你能够预测市场无效率的时间，或者在遇到时能够分辨出来吗？很明显，我们不可能同时发现这个无效率，或者试图做同样的会立即纠正低效率的市场影响的事情。但是，你作为个人投资者，能够发现一个效率低下的时期吗？

我认为甚至偶尔在市场上占据优势都是非常困难的。千万不要自欺欺人。如果你经历过在市场上发现绝佳的机会，进一步加以利用并且获得利润，那么你可能确实偶尔会有市场优势。你应该利用这种优势来致富。

增加的成本

一般来说，试图赢得市场，个人投资者不应该系统地挑选表现不佳的股票，而是应该挑选和整体市场表现一样的股票。他们可能会有一个多样化不足的次优投资组合，但是在我看来表现不佳的主要原因在于产生的费用。

最显而易见的成本就是交易股票的佣金。网络交易平台开通后佣金就大大降低了，但是还有非常多的其他成本。下面列出了部分成本：

- 出价/报价差价；
- 价格影响；
- 交易税；
- 周转费；
- 信息/研究成本；
- 资本利得税；
- 转移费用；
- 保管费用；
- 咨询费；
- 你的时间。

取决于你的情况和投资规模，你可能会发现每次交易投资组合时成本超过 1%（每笔交易低的、固定的在线费用只是你大额交易的一小部分佣金），这还不包括你的时间。相比几十年前，这笔费用当然降低了不少，但是对于高频交易的人来说，这是表现的主要障碍。另外，对于高频交易的投资者来说，资本利得税会大大增加，保管费以及研究和信息收集等直接和间接的"隐形费用"也会上升。这些成本越高，投资者要跟上市场所需要的市场优势就越大。

我最近看到一个特别令人讨厌的广告，经纪人将其平台上的交易者比作战斗机飞行员，并配有汤姆·克鲁斯风格的雷朋太阳镜和一个面带崇拜之情的金发女郎。我当时就想："我最喜欢卖给这种人了"。你交易得越频繁平台赚得越多，而经纪人很明显认为你会交易得更频繁，如果你相信这会让你看起来像汤姆·克鲁斯。

你怎样花费你的时间来管理你的投资对你来说是个人的事情（我们每个人对自己的时间有不同的估价），有些人认为这是一个有趣的爱好或者类似于一个投注的游戏，其他人认为这是一件苦差事并且想要避免。有些人每周会在投资上花10小时的工作时间，而这会在之前讨论的所有成本之外产生50美元每小时、一年40个星期共20 000美元的"机会成本"。这对于一项10万美元的投资来说是毫无意义的，甚至对100万美元的投资也花费太高了。此外，投资者还可以从持有简单理性投资组合所需的时间减少中受益。还要考虑到只有你有优异表现时才会获得报酬。因为持有指数跟踪型的投资不花费时间，时间开支——上面提到的20 000美元——积极管理你的投资组合仅仅为了你击败指数而获得的金额。如果指数增长了10%而你赚了11%，那么你花费的所有时间只多赚了1%。所以，即使你能经常赢得指数，要使你花费的时间有价值，你也必须远远地超过市场，或者管理一大笔投资。

即使你不赞同我的观点，也至少考虑一下以下内容

有些读者可能会把本书像垃圾一样丢掉。他们认为自己就是最顶尖的投资者，能够赢得市场。我希望这种人对挑战市场优势有自己的看法，而在读过本书之后能够更清晰地了解市场优势是什么。但是，如果你想有效地管理自己的投资，那么我想请你考虑以下几件事：

● 清楚地知道自己为什么有能够赢得市场的优势，并且确保自己不会因此有负罪感。不像预测周六的足球比赛的胜利者是谁，预测谷歌股价将会翻倍而它后来的表现也的确如此会让我们看起来显得明智且消息灵通。也许我们下意识地会比在我们宣布安然股票翻倍时更容易记住这一点。这是因为我们不断地在我们自己的账户中存取资金，而且我们不太可能密切关注我们的确切表现，并可能会无限期地继续妄想下去。

● 不要太频繁地交易。如果你每年超过一次地改变你的投资组合，那么你就必须有充足的理由。因为交易所产生的各种成本非常高，而且这会极大地减少长期的回报。

● 挑选12～15只你感觉良好的不在同一板块的股票（最好也不要在同一地理位置），并且长期持有。沃伦·巴菲特说过他最喜欢的持有周期是"永远"，并且建议说成功的投资者

绝不会频繁地进行投资交易。

● 当事情发展不利于你的时候不要惊慌。

● 你可能会认为自己在一个板块，在一个地区，或者在某种资产上有优势。这没关系。你应该利用这种优势，但是在其他投资上做一个理性投资者。

● 不断地反思自己的市场优势。承认你属于绝大多数没有市场优势的人之一，不会有任何耻辱，并且可能会因此避免损失。在市场上有优异表现的投资者起初会认为这是自己的能力，而不是运气。但是反思之后就发现……

应该把我们的资金交给苏珊和能力基金管理吗？

如果你认为苏珊和其他投资者一样，那么为什么不把钱交给她，让她来帮我们赚钱？

在很多投资者还在向科技产业投资的时候，能力基金和它的同行们已经为你所能想到的所有东西来设立共同基金。它们可能是工业、防守型股票（以及国防相关的股票）、黄金、石油、通信、金融和科技方面的基金。很多投资者从买股票变成了买基金。甚至在今天，在许多投资者都明白跟踪指数的好处之后的几年里，投资者可能会投资 80 美元到试图跑赢指数的经理人（所谓的"活跃"经理人），其他 20 美元则投资于跟踪指数。

当投资者从各种诱人的基金的"大杂烩"中挑选基金的时候，他们怎么知道哪一只基金未来会跑赢市场？

是因为投资者认为 IT 股票（或者其他的基金专攻的板块）会比总体市场表现更好吗？

如果是这样，那么是不是意味着你拥有市场优势，并且能够挑选出一个能跑赢市场的投资组合？能够一直选出这种投资组合是一种非常棒的能力。

是因为苏珊优秀的简历（投资者认为拥有优秀的背景的人能找到跑赢市场的方法）？

如果是这样，就表明你认为有些人拥有市场优势，一种其他形式的优势。对冲基金的投资者认为自己有这种优势。基金公司会说，"经过努力研究，我们找到了这些能够跑赢市场的优秀的经理人"。这种情况可能是真的，但这也是一种市场优势。

是因为投资者认为能力基金发明的一个神奇的公式能够保证他们一直跑赢市场？

没有任何数据可以证明能选到未来能跑赢市场的基金。

是因为你的财务顾问认为它是一个合理的选择？

首先，你要弄清楚这个顾问在给你提供建议时是不是有什么财务上的激励，比如收费上的折扣。关于理财顾问如何获得报酬的事情越来越清楚，这也使了解他们建议某种产品时是不是有财务上的激励变得更加容易。要记住，不断地比较能使你在支付给经理人的高额费用上获得折扣。接下来，思考你的顾问是不是有足够的市场优势来做出这项建议。除非他有一段给出准确建议的历史，否则我会怀疑他是不是拥有最常见的特殊优势。

他们过去做得非常好。

数不尽的研究表明，过去的表现并不能预测未来的表现。如果生活如此简单，那么你只需要选择胜利者并且紧跟……

我们经常被冲动推动着积极主动地改善我们的投资回报而不是被动地等待。而有什么是比投资一个来自信誉良好的公司的表现优异的经理人并投资于最热门板块更好的选择呢？

互惠基金/单位信托的收费非常高昂。有一些基金提前收费（尽管比以前少），不过所有的基金都收取年度管理费和其他开支（比如审计、法律等），除此之外还有做投资的费用。全部成本范围很广，但是你假定的每年 2.5% 的费用可能相差不远。因此如果有人帮你管理 100 美元的资产，无论怎样都会有大约 2.5 美元的费用。如果市场每年增长超过 20%，那么支付 1/10 的管理费用看起来很公平。问题是没有市场会每年增长 20%。我们最多可以期望市场平均每年在通货膨胀之外增长 4%～5%。因此你需要选一个比市场收益高2％的互惠基金，以使得你的投资不会比交易型开放式指数基金（Exchange Traded Fund，ETF）更差，假设ETF的费用是每年0.5％。（ETF是一种像股票一样交易的投资产品，下面将会提到。）

你需要从数十种基金中选择
一个最好的来获得回报

要说清楚收费随着时间的推移如何影响收益，先看一个100美元投资30年的例子。假设市场回报是每年7％（每年5％的真实回报，2％的通货膨胀是一个比较合理的假设），这个差距随着时间越来越明显（见图2-1）。（与指数追踪型基金相比，互惠基金有2％的费用。）

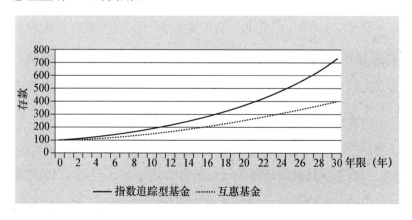

图2-1　30年后指数追踪型基金和互惠基金的回报对比

能力基金及其竞争者尽最大努力以最明显的方式来展示它们的数据，但是一些令人信服的研究表明，普通的专业投资者并没有随着时间的推移一直赢得市场，反而在费用的数额方面表现不佳。

你当然有可能选到那只唯一的表现最好的基金。假设你分别在指数追踪型基金和有 2% 的费用的互惠基金上有 100 美元的投资。再假设市场在接下来的 10 年里都有 7% 的回报率。最后假设每只互惠基金相对互惠基金的平均表现的标准差①是 5%（互惠基金中包含与指数基金一样的股票，因此它们的回报率基本相同）。图 2-2 展示了指数追踪型基金与 250 只互惠基金的回报比较情况。

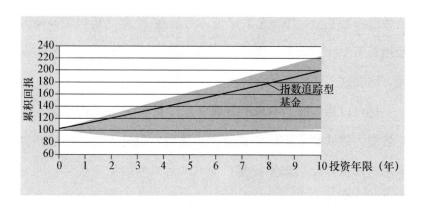

图 2-2 指数追踪基金与 250 只互惠基金 10 年的回报对比

---

① 一种测量风险的标准工具，可以用来显示可获得的回报的范围以及频率。

遗憾的是，与指数追踪型基金相比，有效管理的投资组合不仅每年要支付 2% 的管理费用，而且它们每年的回报也都会变化，有些年份会获得比它们追踪的指数更好的回报。有效基金可能会获得长达 10 年的高回报。如果能够一直选择这种高回报的基金，你就拥有市场优势。如果不能，那么你应该买指数追踪型基金。

在上面提到的 10 年的例子中，大约 90% 指数追踪型基金比互惠基金表现更好，而这大致与历史性的研究结果保持一致。因此为了找到一只比指数追踪型基金表现更好的互惠基金，你必须找到剩下的 10%。这可能相当困难。

如果你没有这一市场优势并且随便选一只互惠基金而不是指数追踪型基金，那么总的来说你可能在 10 年之后因为高额的费用，每 100 美元就少获得 30 美元的收益。如果你投资 10 万美元，那么这个差额都够给自己买一辆车了。

你可以用你的老本来打赌那些超过指数的 10% 的基金会在广告中大肆吹嘘它们的特别能力。然而，历史表现并不能预测未来的回报，而且想要分辨机会（幸运）和能力（优势）非常困难。就像抛 1 024 次硬币，可能连续 10 次出现头像，有些经理表现好只是因为运气好。事实上因为收费和开支会"吃掉"回报，在金融市场上这种偶然性更加严重。然而，如果你问那些连续 5 年表现好的经理，那么他们不会同意他们只是运气好的论断，即使他们真的一直是运气好。同样，一些管理人员仅仅因为运气不好而在市场上表现不佳，但是那些管理人员从行业内消失了，因此也产生了选择偏见，因为只有获胜者可以存续。这有时会让整个行业比实际看起来更加成功。

股票市场之外

关于市场优势的讨论并不仅仅局限于股票市场。你可以在除股票市场之外的任何领域都拥有投资优势，并获利颇丰。例如：

- 希腊的贷款会违约吗？
- 石油价格会继续上涨吗？
- 美元/英镑汇率会再一次达到 2 吗？
- 房地产市场会上涨/下跌吗？

这样的例子还有很多……

保持理性

对于那些接受自己没有市场优势的人来说，这在他们的投资生涯中是一个关键时刻。在此希望你至少思考以下两件事：

（1）市场优势很难拥有，你必须切实地考虑自己是不是拥有。

（2）对于大多数投资者而言，承认自己没有优势是一个非常明智且简单的结论。如果你承认自己不能更好地掌握成千上万研究微软公司和更广阔市场的专家的市场总体知识，那么这会让你的生活变得更轻松（也更富有）。

理性投资组合有哪些关键要素？

如果我坚持你在市场投资中毫无优势这一点，那么你可能会有些沮丧。倘若与他人相比没有任何优势，那么投资还有什么意义呢？你或许会选择不投资，但是这显然不会为你带来任何收益。

不过这里有现成的投资方法供你参考——我称之为理性投资组合——而这种方法不要求你在市场投资中有一点儿优势。图 3-1 展示了一个理性投资者需要考虑的所有事项。这一章将会告诉你理性投资组合应当包含哪些资产类型，而你应该如何对此进行选择以保证这种组合符合你的个人风险倾向。理性投资组合的两种主要的资产类型是最低风险资产投资（例如投资者本国的国债）和世界股票市场。

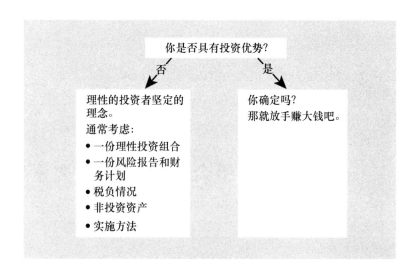

图 3-1　理性投资者需要考虑的事项

理性投资组合的资产类型

　　为了更好地理解理性投资组合，我们将其拆分成保本的低风险投资类型和逐利的高风险投资类型，并且根据我们的风险偏好对其进行组合。在低风险组合中，应当包含高利率、高流动性的政府债券，且最好是在投资者本国的货币体系下的债券。

　　我们进行高风险的投资不是为了增加风险，而是为了寻求高风险背后的高收益。知晓自己无法在市场中获取超额利益的投资者，最好投资廉价的全球指数追踪型基金或同等风险的类型。现在个人投资者能够便捷地投资这种产品，这在 20 年前是不可想象的。

一些关于投资的书籍总会故弄玄虚地声称某些投资的领域是牛市下的淘金热点，抑或是熊市下的避风港。恰恰相反，只有最精心考虑下的投资组合才能在板块大跌下尽量止损。正如我们之前所说的"跟着全球趋势走"，投资的产品组合相当简单且成本低廉，从长远的角度来看大有裨益。

你可能需要两种投资策略！

你可以仅用两类投资构建一种强力投资组合：

（1）最小风险投资产品，例如适宜的货币与期限的高利率国债；

（2）全球指数追踪型基金。

这些投资策略是理性投资组合的核心：第一种策略保证投资的安全性；第二种策略保证投资的收益性，但是伴随相当的风险。根据你的风险倾向斟酌两种投资的比例。这么看来，投资也没有多难！

追求更高收益的投资者可以在原有全球指数追踪型产品和最小风险政府债券的基础上购买其他种类的政府和企业债券。然而，找到债券组合的广泛且廉价的指数型敞口并不像股票交易那样容易，更不用提美国和欧盟有垄断发行这些产品的趋势。退一步说，

如果不考虑增加复杂性，那么你已经拥有一份极具收益性的投资组合了。不过对于那些想寻求稍微复杂的组合的投资者，这类锦上添花的投资确实能够增加投资多样性以及风险收益。

图 3-2　理性投资组合

理性投资组合的元素如下表所示：

资产类型	解释
最低风险投资	英国、美国、德国等政府债券（或是相同信用质量的投资产品），具有符合投资者预期的期限
股权投资	全球指数追踪型产品
可选其他投资（非必需）	
其他政府债券	不同区域、期限、货币的政府债券形成的投资多样性。评级 2A 的债券可作为投资的参考标准
企业债券	大量不同期限、信用风险、货币、地域及其他因素的企业债券

你可能会注意到一些投资选择不在以上投资组合的范围内：房地产、私募股权投资、风险投资、商品、对冲基金、私人投资（包括天使投资）等。购买这些投资产品的前提是你已在市场中具有优势。无论你是准备投资不动产还是对冲基金，你必须知晓其他人所不知道的投资产品的未来走向。这些投资产品的风险与你之前经历的市场风险相近（在较低成本的前提下）且流动性较差。与之相反的理性投资组合的流动性却是常常被低估的一方。

了解你偏好的风险程度

理性投资者选择的产品类型大致相同，但是产品所占比例可能相差甚远。如果你有 105 英镑，但是一年后需要 100 英镑做心脏手术，你的风险偏好与另一个年满 30 有 100 英镑，但是 40 年后才需要 150 英镑的人的风险偏好完全不同。我们的需求随着年龄和环境的改变而改变。你在 60 岁愿意承担的风险与 40 岁时的风险偏好差别很大。个人环境会决定你的低风险和高风险投资类型的组合比例（类似于股票市场）。投资组合的类型不会改变，但是各种类型所占比例因人而异。

我们需要研究现在的市场风险，同时也得考虑那些不怎么令人愉快的银行信贷风险，或是市场下行的风险——它们在过去经常发生。过去的大量案例提醒我们，在充分了解市场风险之后才能评估投资的风险。

根据个人的风险偏好所选择的不同比例的投资类型如下表所示（亦可参考图3-3）：

	A	B	C	D	E
低风险投资产品	100%	75%	50%	25%	0%
高风险投资产品：全球股市	0%	25%	50%	75%	100%

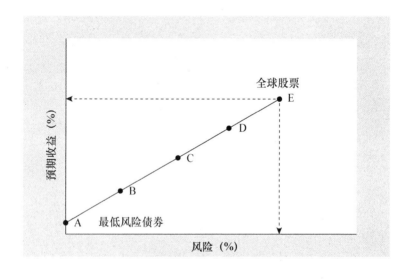

图3-3　不同风险的投资组合

投资就是如此简单。你只需了解你的风险偏好并决定上述两类产品之间的比例，就可找到心仪的投资组合。之后只需进行投资、诚实纳税。

持有 100 美元，进行"C"类风险投资组合，如下表所示：

配置（美元）	投资类型
50	美国政府债券，期限与投资者预期相符
50	全球股市追踪型产品

如果你决定在高风险的产品中选择其他政府和企业债券，那么 75％的全球股市追踪型产品、10％的其他政府债券、15％的企业债券的比例是很好的选择。同样，你也可以依据自己的风险偏好加入一些最低风险产品。根据以上加入的其他企业与政府债券，"C"类风险投资组合如下表所示

配置（美元）	投资类型
50	美国政府债券，期限与投资者预期相符
37.5	全球股市追踪型产品
5	不同期限、国家、货币、评级的多元化债券组合
7.5	不同期限、信贷风险、货币、发行商、地域的企业债券

我会在后面解释我是怎样提出以上投资组合的。各种投资类型的比例分配不是一门精确计算的科学，因此不需要完全遵循上述比例，仅仅是模仿也能收获颇丰。

我们的风险偏好程度当然是不同的。假如我现在有 100 美元，10 年之后需要 110 美元，而我选择投资期望收益率为 5％的全球股市，那么 10 年后我投资的 100 美元将会获取 162 美元的收益。这比我期望的收益高出太多了，但是事实并非如此。

既然股市有系统风险，那么 10 年后收益不足 110 美元的概率为多少呢？是 1％，2％还是 20％呢？答案取决于股市的风险。

如果我们对这 162 美元的收益深信不疑，那么还会有人为了增大确实获取 110 美元收益的概率，而放弃高风险的股票投资，转而投资低风险、低期望收益的债券吗（因为债券通常收益较低）？一些风险厌恶型投资者可能会这么做。他们宁可选择期望收益仅有 120 美元，但只有 2％的风险无法获取 110 美元的产品，也不愿投资具有 15％风险无法获取 110 美元，但收益因此高达 162 美元的产品。你会选择哪一种，取决于你的个人环境与风险偏好。

上述讨论的情景可能看起来很复杂，但是通过这个案例我们可以分析之前投资计划中各种类型比例分配的风险。投资收益经常表现得大不相同。这取决于我们最初承担了多少风险，以及对坏消息的提前准备等活动。在这之后我会讨论风险调查、个人风险偏好和风险场景。

不要把非投资资产的鸡蛋都放在一个篮子里

作为个体或机构投资者，组合投资只是我们投资生涯的一小步。关于风险、流动性、税负的考量，抑或是寻求最好的投资组合也只是沧海一粟。

如果以上情况都不考虑，那么许多投资者都会把鸡蛋放在同一个篮子里。假设某人有 100 万欧元的房产，还有 75 万欧元的房贷和 10 万欧元的组合投资。这位投资者超过 90％的资产进入了房地产，如果她继续投资房地产，那么其中的风险敞口只会越来越大。同样，如果她主要以意大利为投资方向，那么大量的意大利经济风险敞口是不可避免的。

投资者过度投资本国市场已经成为一种趋势：英国人投资英国产品，美国人投资美国产品。以前认为购买国外证券是昂贵且不切实际的选择，因此对本国证券的偏好成了根深蒂固的习惯。但是你应当在本国投资产品之外考虑多样化投资。正如大多数国内企业可能因为多样的业务组合而面临国际风险，作为投资者，你可能已经对本国经济有大量的风险敞口。

对于大多数投资者来说，将非投资资产整合至组合中不是经过缜密科学计算的最优解，而更像是一种直觉。当你考虑整个资产和债务的组合时，你应当思考资产之间是否紧密联系。是否会有特殊事件或者风险影响所有投资？这种特殊情形下你的储蓄银行会不会产生信贷危机从而影响你的存款？你是否可以通过多元化投资降低你的非投资资产的风险，或者至少保证你的投资资产已经多元化？在个人环境之下，一些因素如你的就业前景、教育文凭的含金量或是未来的遗产继承联系得比你想象的更加紧密。一个广泛且多元化的投资组合将会在某天成为金融风暴中的避风港。

税负降低对长期收益的重大影响

个人或机构投资者应当认真听取税负计划的建议。我们之前讨论过的最优投资组合与风险预测可以不借助外力完成，但是在税负方面，专家的意见不可或缺。

避税永远是挑战。我将解释理性投资组合在减少税负方面的好处，同时也会讨论合理避税的方法。考虑到税负将会带走你的一大块利润，理解避税的方法是当务之急。

过多关注费用减缓资产增长

低费用是理性投资者获取长期利润的关键之一。最优的理性投资组合优先选择稳健型投资产品，总而言之最便宜的即可。我们付钱给他们不是要求特殊技能的服务——仅仅是跟踪指数（见图3-4）。一只猴子可能无法完成这么复杂的事情，但是一台电脑绝对足以胜任。

全球金融本应简单透明，而它现在却想象不到地复杂。较低的费用是复杂的金融世界简易化后带来的好处之一，但是只有精心设计的投资组合才能达成这一点。我们不是单纯地为了简单而追求简单，而是因为简易的投资组合的副产品确实能够带来最好

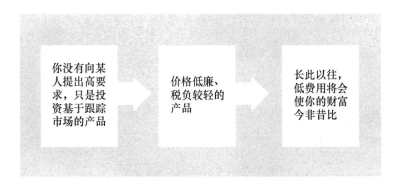

图3-4 简单的解决方法

的预期风险收益。通过整本书的讲解，我会将低费用这一概念烙在各位投资者的脑海中。如果通过阅读本书你只做到了在下次投资时尽量减少购买投资产品的费用，那也就足够了。

支付较低的费用带来的好处并不是显而易见的。它只有在与高收益相结合，或者一些积极的经理和股票投资者声称你在投资时遗忘了某类重要的股票时才会变得显著。睡觉前好好想想这一点，较低的费用和理性的投资策略会让你晚上睡得更加安稳。然而，这与平常市场之上的超额收益相比，并不是那么激动人心。

理性投资组合的实现

对你的投资组合所建议的指数型产品都是相当广泛透明且流动性高的投资选择。一言以蔽之，它们都很便宜。购买指数型产品的风险敞口取决于其中的税负情况，但是因为基础资产被广泛交易，获取优秀的产品相当容易。

过去数十年交易型开放式指数基金的数量和其中流动的资金显著增长。对于投资者来说，两者的积极发展增加了理性投资组合类型的选择。投资产品数量增多，投资费用将会相应降低。美国 Vanguard——世界最大的投资管理公司之一——致力于投资费用的降低，如今它也以提供价廉物美的投资产品闻名。

因为指数追踪型产品发展强劲，未来的投资产品将会提供更多选择。对于全球股市产品来说，每年低于 0.2% 的费用已经没有太多下降空间。但是在其他方面，例如税收结构与更加优秀的指数型产品的导向，将会使理性投资组合臻于完善。

通俗地说，我将任何成本低廉的指数型风险敞口称为指数追踪型产品。这可以是一类交易型开放式指数基金或指数追踪型基金，但是同时也要注意到仅仅被称为指数型的某类产品不足以成为理性投资组合的一部分。虽然鲍勃担任 CEO 的一系列公司的指数也被称为指数，但是这不足以成为理性投资组合的选择之一。

做得更少，睡得更好

成为理性投资者对于某些人是投资生涯中最重要的时刻，

而那些穷其一生也无法从市场中获取超额收益的投资者或许会从中获得些许慰藉。

成为理性投资者到底意味着什么？答案很简单。然而，这需要持之以恒的个人努力以及他人的些许帮助：

● 你需要在市场上寻找更加优秀、廉价的投资产品，完善投资组合。

● 你需要思考自己的风险偏好是否显著地改变，或者周围世界的变化使得现在的投资组合早已不符合你的风险预期。

● 你需要想想自己的税负情况并且寻找方法改善。

● 如果你的非投资资产明显地改变了，那么这也应当引起你在投资方面的注意。

上述任务看起来繁重，其实不然。无论你是否选择理性投资组合，这些都是必须评估的事项，所以这没有带来额外的注意事项。

理性投资组合给投资者主要带来的非金钱方面的收益在于内心的平静。那些承认自己在市场投资中不具有优势的投资者，在长期反而会自然地节省投资费用。他们不会花费太多时间探听小道消息，冥思苦想下一只牛股（虽然鼓吹小道消息的人会大声宣扬他们的胜利）。因此，他们会在其他重要的事情上集中精神，并且逐渐变得富有。

第二篇　理性投资组合

最低风险资产——安全、低风险回报

本章关注找到风险最低的投资作为潜在风险投资组合的基础。你的选择因货币类型不同而异：对于以英镑为主的投资者来说，短期英国政府债券是一个好的选择。正如前面讨论的，在这个世界上没有完全无风险的证券，但是英国政府违约的可能性非常小，因此风险最低。

如果信用质量很高，那么请以你的基础货币购买政府债券

与英国投资者相比，美国的投资者购买英国政府短期债券

赎回本金有一样的保证，但是可能面临英镑对美元的汇率风险。例如，如果英国债券承诺每年为今天的 100 英镑投资而向投资者支付 101 英镑，两个投资者都一定会收到 101 英镑，但 101 英镑总是值 101 英镑，而美元的价值会上下波动，因此风险更大。所以，美国投资者应该买与英国政府债券信用相同的美国政府债券，这样，他的回报就不受货币汇率风险的影响。

如果你持有的基础货币的政府信用属于最高等级，那么政府债券通常是你最低风险投资的最佳选择。大多数投资者的基础货币都非常清楚（对英国投资者来说是英镑，对美国投资者来说是美元，等等），而货币汇率风险也通常是大家想避免掉的风险。你的基础货币也可以是一个不同类型货币的组合。它基本上是你认为有一天你需要使用的货币。比如，我可能住在英国，我未来的大部分花销也在英国，我也会在丹麦等欧洲地区以及美国花费大量的时间（以及金钱）。而且，我可能还会在英国境外为孩子支付教育费用，或者我会和妻子在退休后出国居住。我的基础货币会是一种以英镑为主的多种货币的组合，我将更好地匹配我未来的现金需求，并使我自己尽可能避免被其他主要支出货币的贬值风险困扰。

今天，市场上有三家主要的信用评级机构对债券的信誉进行评级，它们分别是穆迪、标准普尔以及惠誉。下面是这些评级机构对部分长期债券的评级：

长期债券评级	穆迪	标普	惠誉
Prime	Aaa	AAA	AAA
Investment grade	Aa1~Baa3	AA+~BBB−	AA+~BBB−
Non-investment grade	Ba1~Ca	BB+~C	BB+~CCC
Default	C 及以下	D	DDD~D

这些评级机构因为给予所有的次级或垃圾贷款以高评级而被广泛地质疑。但总的来说，它们能为你提供关于一个国家债券信用质量的良好提示。

信用评级经常变动。如果想买最低风险资产，那么你可以在维基百科上搜索"按信用评级列出的国家名单"来找到最新的信用排名。如果你的基础货币的政府债券的评级是 AAA，那么这就是你的最低风险资产最简单的选择。在近几年政府债务和赤字等不利的环境下，AAA 评级的国家名单越来越短了。也就是说，如果你所在国家的货币有 AA 或更高的评级，那么它们都可以作为最低风险资产。然而，如果只接受最高评级的债券（在撰写本书时，这将排除一些主要经济体的债券，如美国、日本和法国），那么这对多数的投资者来说是不实际也是不可取的。虽然这些国家显然因某些原因失去了最高评级，但值得注意的是，金融市场以实际收益率交易债券，它们依然是世界上所有货币中信誉最高的债券。

我在上面说到政府债券，但是我们的最终目的是在你的货币和成熟度上获得最低风险的投资。大多数国家都有与主权发行人有关的国内债券，例如政府保证区域、城市或市政债券。这些以及其他类似的债券都是最低风险资产的合理选择，特别是有税收等方面的优势时。但是，一定要保证这些担保在险境中依然如故。如果你在这些债券中获得了比国债更高的收益，那么你可能承担了额外的风险。同样需要谨慎地认为增加这些类型的债券可以为你提供额外的安全性，它们通常是一个较低的风险分散方案，因为它们与政府债券具有相同的信誉。政府债券通常是最低风险资产的最佳选择。

如果你的基础货币没有高评级的政府债券，那么你将会面临更难的选择。尽管过去几十年巴西、墨西哥、印度等国家的经济发展是不容置疑的，但它们都没有高评级的政府债券（在本书撰写时都是 BBB 级或者更低）。作为一个印度人，你可能会购买印度短期政府债券，虽然它与其他外国货币相比风险不是最小的或者评级不高，但这不会有货币风险。基于你的基础货币，你可能选择承担信用风险来买国内的政府债券，而不是买高评级的国外债券并承担货币风险，甚至可能把钱存在当地银行，如果这是比国内政府债券更好的信用选择的话。

世界上某些地方的老一辈人，例如印度，无疑记得其国内经济动荡的年代，因此购买当地政府债券作为最低风险资产就显得非常怪异。他们是对的。无论政府做过什么，这些投资者都不会获得当地货币的无风险债券。可能有一天这些政府债券以及其他类似债券的信用会提高并成为世界上风险最低的债券，但不是今天。在今天，许多投资者因其国内政府信誉较低而基本上将美元作为他们的基础投资货币并购买美国政府债券，这是因为美元具有全球储备货币的地位。

一些政府债券的低信用评级意味着债券收益率更高，这不是将这些债券作为你的最低风险资产或安全资产的理由。在下一章中将会讨论，如果你想为你的投资组合增加回报，那么你可以通过增加股票的广泛风险敞口来实现这一目标，这些股票具有地域多样化特征并且会增加额外收益。

考虑多元化，即使政府违约的风险极低

投资信用评级在 AA 以下的政府债券是一个程度问题。一些投资者乐于投资 BBB 级的当地政府债券，而另一些投资者宁愿承担货币风险也要投资 AA 级以上的国家债券。这种选择部分取决于你的情况以及你对货币风险和本国信用风险的敏感程度。对于倾向于接受本国 AA 级以下评级的政府债券作为其最低风险资产的人，我会鼓励你思考在你的政府违约时你的投资会发生什么。在绝大多数情况下，本国政府违约对你的投资和整体生活都有灾难性影响。

如果你已经通过购买高评级的外国债券来分散你的国内风险，例如德国/英国/美国政府债券，那么你至少在国内灾难发生时还有一丝喘息之机。而且，部分投资者认为只买一种政府债券是一个坏主意，无论它多么有信誉。那些投资者认为尽管现在英国和德国的政府债券评级非常高，但它们依然有违约的风险，甚至有可能非常厉害、迅速。[①] 鉴于存在这种可能性，投资者应该通过不同的高评级的政府债券来使他们的最低风险投资多元化，即使因此而承担非基础货币债券的货币风险。我的观点是如果投资最高评级的政府债券，则政府违约的可能性很小。

下面是依据你的基础货币给出的最低风险资产的建议：

基础货币	首选最低风险资产	其他最低风险资产
美元	美国国债	多个世界领先国家的政府债券或类似债券的组合（承担货币风险）
欧元	德国国债或 AAA/AA 欧元区政府债券	多个世界领先国家的政府债券或类似债券的组合（承担货币风险）
英镑	英国国债	多个世界领先国家的政府债券或类似债券的组合（承担货币风险）

---

① 对那些认为政府债券不会违约的投资者，我建议你读一下 Carman Reinhart 和 Kenneth Rogoff 写的 *This Time is Different：Eight Centuries of Financial Folly*（Princeton University Press，2011）。作者讽刺了政府极少会违约以及我们现在某种程度上免受过去的灾难性金融事件的影响的信念。

续表

基础货币	首选最低风险资产	其他最低风险资产
其他 AAA/AA 级政府信用的货币	本国政府债券	多个世界领先国家的政府债券或类似债券的组合（承担货币风险）
其他政府信用在 AA 级以下的货币	一个或多个世界领先国家的政府债券（承担货币风险）	本国政府债券（信用风险）或者银行存款，如果有一个强大的储蓄银行

因此，你的最低风险资产或者"安全"资产不一定是本国政府债券。假设一个追求最低风险资产且不愿承担货币风险的西班牙投资者，他不应该买低评级的西班牙政府债券，而应该买同样是欧元计价的德国政府债券。如果这个投资者不希望自己的最低风险投资只有一种政府债券，那么他可以买其他以欧元计价的政府债券来多元化，或者接受货币风险而购买高评级的非欧元计价的政府债券。

匹配投资期限

在上面的讨论中，短期债券是最低风险资产。这是因为长期债券有更高的利率风险（利率的波动导致债券价值的波动）。考虑一下以 100 点交易的 1 个月期的零息债券和 10 年期的零息债券（零息债券不付利息，只在到期后归还本金）。现在假设利息突然由 0 变为 1%。债券的价值会怎么样？

	$T=0$		$T=1$
利率（%）	0		1
1 个月期债券	100	→	99.9
10 年期债券	100	→	90.5

　　1 个月期债券价值降低了一点点反映了 1% 的利率，而 10 年期债券的价值下降到了 90.5，反映了更高的利率。很明显，从 100 下降到 90.5 的风险更大（利率变化很少那么剧烈），即使你最终获得全额支付的机会没有改变。

　　然而，现实中大多数投资者的投资期限都超过了短期债券的期限。有兴趣维持最低风险资产头寸 5 年的人将在 5 年内承担利率风险，无论是每 3 个月购买 3 个月期债券，还是购买 5 年期债券并持有至到期日。

　　但是，如果你认为 5 年期债券的投资期限很合理，你就不应该只买 5 年期债券并持有至到期日。一年后，你的债券只有 4 年的持有期，因此并不匹配你的投资期限。

　　解决这个问题的最好的方式不是持续地买进卖出债券来获得合适的到期日的资产（这使你要卖出现在的 4 年期债券然后买进另一只 5 年期债券），而是通过购买交易型开放式指数基金或投资基金等产品来为你交易债券（这些"可购买产品"将会在后面详细讨论）。一些基金提供如德国 5～7 年期的政府债券、英国 10～12 年期政府债券之类的产品。买一种或多种这样的产品是一种廉价且少麻烦的方法，可以确保你持有正确的最低风险资产组合。

　　因此，投资期限较长的投资者应该买持有期更长的最低风险债券。作为对承担与长期债券相关的利率风险的奖励，它们的收益率高于短期债券，如图 4-1 所示。[①]

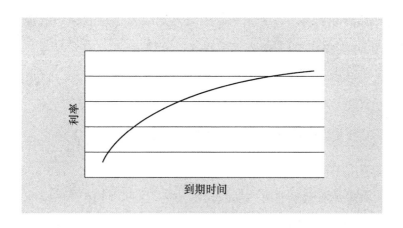

图 4-1　典型的债券收益率曲线

　　如果你需要一个在明年不会赔钱的产品，那么请选择短期债券。而如果你像大多数人一样想要买一个能够在未来进一步提供安全的投资产品，那么就选择长期债券并接受它的利率风险。

　　因此，你应该考虑你的投资组合的时间范围，并相应地选择最低风险债券的到期期限。如果你需要满足未来长久的需求（比如你的退休开支），那么为你的投资组合增加长期债券甚至

---

　　① 有收益曲线反转的情况，短期债券的收益高于长期债券，但是这种情况非常少见。

通货膨胀保护债券当然是有好处的。长期债券通过提供更高的收益率来补偿投资者承担的利率风险，而你还可以通过匹配资产和需求时间来获得进一步收益。

另一个好的选择是使你的最低风险资产的到期期限多样化。你可能拥有一些几十年都不需要的资产，以及另一些你认为在 5～7 年内会需要的其他资产。在这种情况下，选择几种具有不同到期期限的产品来匹配，让你的需求没有任何问题。

最低风险债券将为你带来什么？

大多数对金融业有兴趣的人都知道，2017 年春天，即本书写作的时候，利率正处于或接近历史低位。因此，投资者不应该期望在任何货币的最低风险资产投资上能够赚到很多钱。实际上，因为名义利率接近零，通货膨胀意味着投资者在短期政府债券上将获得负的实际回报。如果你在政府债券上投入 100 美元，那么几乎可以肯定的是，你在 5 年后将获得 105 美元，而这 105 美元的购买力将比今天的 100 美元的购买力低。当然，这比起你持有 100 美元现金 5 年的情况要好。因为持有现金到时购买力会更低，还要承担储存现金的成本和风险。

这显然不是很好，但是你别无选择。如果你在追求最低风

险债券，那么只能接受它现在非常低的收益率。提供更高回报
的金融工具会带来更多无法获得回报的风险，而任何告诉你相
反的情况的人都没有告诉你完整的故事。

图 4-2 显示了不同期限的美国国债会给你带来的名义回报
率和实际回报率。（你可以很容易地通过谷歌搜索来找到其他货
币债券的信息，如"英国国债收益曲线"。）

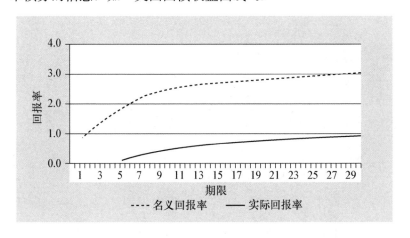

图 4-2 当前美国国债利率

资料来源：基于 www.treasury.com 的数据。

虽然产生极低风险的实际回报的前景相当有限（在写作本
书的时候），但这些市场正在不断变化，随着利率的变化，这些
债券还是值得持有的。例如，你可以从图 4-2 看到，如果你现
在想买美国政府债券，那么对 20 年期债券可以期望获得一个低
于 1％的实际回报率，而对于 5 年期债券只能期望一个刚刚超过

零的实际回报率（在最近几年里这是负的）。[①]

如果图 4-3 让你感觉到任何一年中持有美国国债获得的回报都是稳定的，那么请重新考虑。图 4-3 展示了从大衰退开始持有短期（少于 1 年）和长期（超过 10 年）美国国债的年回报率。你可以看到，两种债券都在公平交易水平上下波动，但是长期债券的波动更大。这是因为随着利率或通货膨胀率的波动，

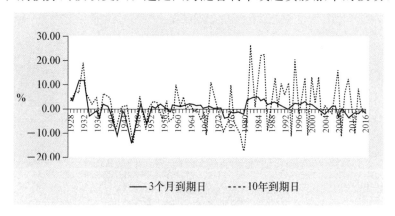

图 4-3　自 1928 以来经通货膨胀调整后的美国国债收益

资料来源：基于美国劳动统计局和圣路易斯联邦储备局的数据。

——————

[①]　从图 4-2 中同样可以看出现在市场对于未来的通货膨胀的期望（两条线之间的差距）。因此，假如市场假设美国未来 25 年的通货膨胀率大约是 3%，而未来 5 年的是 2%，这就表明长期的通货膨胀率更高。对于很多事来说通货膨胀是不好的，税就是其中之一。（但你从投资中获得的收益是基于实际回报时，你的现金的未来购买力和缴税却是基于名义回报。）假设在下一年投资了 100 美元，名义回报率是 2%，那么你将为 2 美元的收益而承担税负，即使 2% 的年通货膨胀率已经侵蚀了真正的收益（因此购买力还是现在的 100 美元，即使名义上已经变成了 102 美元）。对比在零通货膨胀和零名义/实际收益的情况下，在年末你的 100 美元还是 100 美元，无论是名义上的还是实际上的，那么就没有需要纳税的收益了。

这些债券的价值波动将进一步加大（市场对信用价值的看法也将发挥作用）。

根据上面的图，你应该记住以下几点：

● 最低风险资产的实际回报期望正处于历史低点。

● 因为通货膨胀和实际利率的变动，最低风险资产的回报波动相当大，而且可以合理地预期未来依然是这样。

● 通常投资长期债券可以期望更高的回报。如果与你的投资期限相匹配，那么你就通过建议的交易型开放式指数基金（ETF）或指数跟踪型基金来保持你的最低风险投资组合。但是请注意，特别是对于长期债券而言，年度价值的波动可能很大。

不要相信你的现金在银行里就是安全的！

尽管利率相当低，很多投资者还是会在金融机构里持有大笔的存款而没有考虑到信用风险。我要警告你不要盲目地这样做。

世界上大约有 120 个国家在金融机构违约的情况下，由国家为一定额度的存款提供支付担保制度。因国家的不同，低于 75 000 英镑（英国）、250 000 美元（美国）、100 000 欧元（很多欧洲国家）的银行存款支付是由政府担保的。这些担保是为了给公众对金融体系带来信心并避免银行挤兑。对于没有担保的银行，我们就是银行的一般债权人，而且不得不去衡量银行的信用风险，而大多数储户都不具备这种能力。

　　如果你在一个或多个金融机构里持有超过存款保险额度的现金存款，那么如果该机构倒闭，你就是该机构的一般债权人。这意味着如果你在一个银行里有 200 000 英镑的存款而信用保险只有 75 000 英镑，那么剩下的 125 000 英镑就没有被覆盖到。①

　　不久前，我的一个好朋友将他的成功的 IT 公司卖了一个好价钱。他对金融从不感兴趣，在他休假的时候仅仅是把钱放在他的金融机构的账户里。这是一笔数百万美元的巨款，而这个金融机构是保险公司美国国际集团（AIG）。一天早上，他在英国《金融时报》上看到了有关 AIG 的负面消息以及关于它破产的可能性的分析。当我的朋友联系 AIG 时，他对他所持有的账户种类感到困惑，有一段时间我的朋友认为他在 AIG 的资金将在一场令人关注的金融崩溃的深渊中损失掉。最后，他与 AIG 的所有其他债权人一起保住了他的钱。但这种经验肯定会让人换一种角度审视"和把钱放在银行里一样好"这种说法。

　　在一个小得多的规模上，我在一家不知名的银行里存有超

_____

　　①　在某些司法管辖区，信用保险是按照机构进行的，因此，如果你将资金分散到四家银行，每家银行分别有 50 000 英镑，那么每一笔钱都会被全额担保，但这是以管理负担为代价的。在设立多个账户之前，请检查这在你的国家是否适用。

过政府信用担保的现金。为了获得一个稍高的 2.5% 的利率，我不得不把大部分的钱存为定期。我偶然地发现这家银行的债券以大约 5% 的回报率在市场上交易。简单来说，市场告诉我，我的存款的非政府担保部分承担了信用风险，而市场估计每年回报是 5%，但我只获得 2.5% 的回报。这真不是一个好主意！

谁支持存款保险？

存款保险计划与授予此保证的机构一样好。如果你在希腊的银行持有现金并依赖希腊政府的存款保险，那么你的现金显然不会像有德国政府的同样的保证那样安全。

在 2013 年对塞浦路斯的救助中，根据最初建议的重组方案，金额在保证额度之上和之下的存款人都减少存款（最后只有大型储户才有部分财产被没收），这表明该国的银行存款人间接受到了该政府的信誉以及持有其资金的银行的信誉的影响。

地方银行在政府违约的情况下表现糟糕，这些银行与当地经济紧密相连，因而遭受损失。除了要面对不佳的经济环境外，银行在持有政府债券方面也会损失很多。政府和银行的问题之间的相关程度非常高，你所期盼的保护可能会因此而不存在。这是个坏消息，特别是银行和政府的违约可能会同时发生，而且你生活中的其他事情都受到同样的经济因素的负面影响；你可能会失业，你的房子的价格会下跌，等等。正是在这种情况下，你希望理性投资组合可以提供多样化的投资和资产。

解决未来银行现金安全性不足问题的一种方法是购买 AAA／AA 评级的政府债券或其他类似现金的投资证券（比如货币市场基金等）。重要的是，这类证券在银行违约时依旧属于你，虽然将这些证券转移到另一家金融机构的程序非常烦琐，但你将不再是一家倒闭的银行的债权人，这在灾难中会为您提供更大的安全保障。

虽然一家银行破产后，由你保管的如股票和债券之类的投资依然属于你，但你依然要小心，不要将太多的资产通过高风险银行来持有。一家机构违约后，找出谁确切拥有什么的过程非常耗费时间。有些情况下，客户资产和银行资产之间的隔离不如法律规定的那样分明，使得在银行债权人声称相同的资产属于他们的情况下更难以重新获得自己的合法的投资。

此外，在我们看到的类似南欧的未来救助计划中，可能不仅是你的现金会被没收，而且机构也会找到一些方式来没收你的部分证券。这一切都是需要避免的，所以除非有令人信服的理由不这样做，否则我会鼓励你把现金和投资的资产放在非常可靠的银行。①

特别是在 2008 年之前，相较于更加保守的传统银行，一些不知名的银行提供非常慷慨的利率（这些传统银行被证明也不是那么传统，不过这是另一个故事了）。在英国、冰岛，银行更大程度上犯了这个错误，还有很多其他的银行（利率差异从存款人的角度提供了潜在的利润，而牺牲了银行体系的稳健性）。如果储户的担保是铁定的（即在任何情况下政府都不会试图退出存款担保计划），那么储户就被激励着从保守的高街银行里取出现金存到提供更高储蓄利率的银行。如果这些投机银行破产（其中一些后来的确破产了），那么政府会保证储户不会受到损失；如果这些投机银行存续，那么储户就会因高利率而受益。

几年前，我接触到一个计划开设一家银行的人。他并不是因为有更好的新市场或有趣的产品，而是因为他想利用所谓

---

① 比特币和其他的加密货币提供了一种有趣但高度易变的银行现金替代品。但请注意，这几乎是一个不受管制的资产类别，而且对于你受到欺诈或损失的后果几乎没有保护。也就是说，在动荡、恐慌期间看到加密货币价值上升并且变得更加普遍，我不会感到惊讶。我会非常感兴趣地关注它的进展，特别是作为交易工具。

的政府信用保险"套利"。他向客户提供特别高的存款利率，但是存款金额只到政府存款保证的额度，以此来吸收相当大的存款。他会利用这些存款来给那些同样有政府担保收益率的再生能源投资提供贷款，并为银行（想必还有他自己）赚取中间的利差。他声称他的计划完全合法并遵守银行法规（我建议他复查一下）。我不知道这个人是否有能力开设银行，但是这件事生动地描述了一种会促使更多投机银行成立的思维。同样，它表明了面对众多的不断尝试破坏规则的人，政府进行正确的银行监管的重要性。

在写到现金存款面临的危险时，我感到非常悲观。当然，在99%以上的案例中，"和银行中的钱一样安全"或"现金为王"等说法意味着：它绝对是安全的。我的逻辑更多地基于事物如何融合在一起并试图避免多件坏事同时发生。如果你设想一种不太可能出现的存放你大部分存款的银行停业的情况，那么这种情况可能涉及许多对你的投资生活无益的事情。无论你作为一个投资者的风险偏好是怎样的，你都应当确保你承担的风险以及你认为会在灾难中发生的损失获得了适当的补偿。在银行违约的情况下，你的现金存款风险也不例外。

总　结

● 现金存款并不是完全没有风险。不要在一个银行存放超过政府担保限额的现金，而且必须关注是哪个政府对你的现金提供了存款担保。

● 通过持有类似政府债券（或者交易型开放式指数基金之类的产品）的投资性证券而不是在某个金融机构里存放现金，在发生银行倒闭时，你通常会处于一个更好的情况中，还可以等待这些证券复苏。

购买最低风险资产

由于债券的交易成本，大多数短期债券投资者必须接受其投资组合中的债券不会是超短期债券的事实①，而且其将因此承担一点利率风险。最具流动性的短期债券类产品，如 ETF 或指数基金等基础债券的平均期限为 1～3 年。因持有 1～3 年期的债

---

① 设想一下你想持有一个月期的政府债券的场景。明天债券的到期时间就不是一个月而是 29 天了。这好吗？那么两天后呢？你有多愿意成熟期偏离 30 天取决于你，但实际上每一笔债券交易都有相关的交易和管理成本。在任何时候都保持 30 天的成熟期是不可能的。

券而承担的一点点利率风险，是一个理论上的最小风险产品与我们实际可以在现实世界中购买的产品的合理折中。对大多数有着长期投资经验的投资者来说，有另一些典型的有着 5～7 年或 7～10 年等不同成熟期的产品来满足其偏好。

你的投资组合中应该有多少最小风险资产以及如何选择它们的成熟期，取决于你的个人情况以及你对风险的态度。如果你非常厌恶风险，那么你的投资应该全部是短期最小风险资产，但是你就不能再期望一个高的回报。当你开始引入更多风险时，我会回归到样本组合的样子，但最小风险资产的可用性对所有投资决策都至关重要：

- 你可以将最小风险资产用作投资组合的一部分，以调整风险状况。在你只能在最小风险资产和广义股票投资组合之间进行选择的简单情况下，你可以根据你的风险需求在这两者之间进行权衡。最小风险资产只有非常小的风险，而股票可能会有市场风险。你在投资组合中需要多少风险将是这两者之间的分配选择的标准（之后我们会加上其他的政府债券和企业债券）。①

---

① 某些企业债券的风险溢价低于许多政府债券。这是因为这些企业比许多政府的信用风险更低——这并非难以置信，尽管它们没有印钞票的能力，欧元区国家的政府也没有。我认为你不应该把这些债券视为最小风险资产的原因非常现实。与政府债券相比，任何一家企业的债券数量都是微不足道的，你可能无法像政府证券那样廉价而流畅地进行交易。

● 对部分投资者来说，最小风险资产是他们的最优投资组合。如果你不愿意承担你的投资的任何风险并愿意接受低的预期回报，那么请选择最小风险资产。

总　结

● 如果你的基础货币政府债券（英镑、美元、欧元等）具有最高信用质量，那么这些应该是你作为最小风险资产的选择。

● 如果你的基础货币没有提供最小风险选择，则你应该选择低评级的国内债券并承担信用风险或者高评级的外国债券并承担货币风险。请记住，国内违约可能会与你投资组合中的其他问题同时发生，而国内货币可能会贬值，使外币计价债券在以本币计价时价值更高。

● 如果你不想承担任何风险，则你应该买短期债券。如果你有一个更长的投资期限，那么请将投资期限与你的最小风险债券组合的到期日相匹配。即使你通过购买通货膨胀调整债券来避免通货膨胀，你也依然要承担利率风险。

全球股票——风险愈高，收益愈大

这一章主要讨论理性投资组合里的收益生力军——股票。在本章我会证明你唯一需要的股票类投资是最为广泛且廉价的产品，即全球股市指数类敞口。

只投资全球股票指数追踪型产品

为了使投资组合获取更高的收益，你需要购买上市公司股票以提高风险收益预期。在此，我不推荐股票，因为股票通常都与其他投资产品的超额收益挂钩。这里提到股票的原因是它具有最高期望收益（同时也具有最高风险），而只有某些具有投资优势的投资者才会选择这种产品。之后的问题就是，该选择哪种股票呢？

图5-1是道琼斯指数折线图，该指数是世界上历史最悠久的股市指数，被用于追踪自1896年起的美国股票市场。道琼斯指数从1896年的40点爬升到了现在的20 000多点。

正如我在下一章将讲述的，其他股市指数远没有道琼斯指数成功，因此无法将道琼斯指数作为全球指数的代表。预测投资股票的收益时，整合所有股市的收益很重要，当然包括那些业绩差的股票。在过去几百年里，许多投资者凭借投资股票赚得盆满钵满，而股票现在仍是投资者眼里的香饽饽。

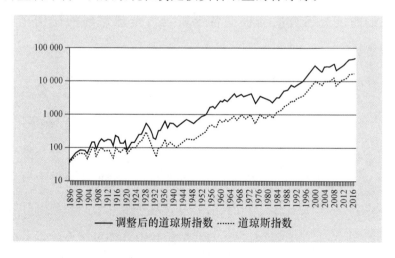

**图5-1　1896年起的道琼斯指数（正常折线图与经通货膨胀
及股息再投资调整后的折线图）**

从理性投资者的角度考虑，投资于全球市场的每一美元应该能被认为是同样精明的。也就是说，我们应当根据个股占市场总价值的比率规划持有比例。如果假定市场仅限于美国股市，而苹果公司占整个市值的 3％，那么我们持有的股票的 3％应为苹果股票。如果高于 3％，则表明我们更为聪明，获取的信息量更多，即我们在市场投资中占有优势。

但是为什么要局限于美国股市呢？如果 25 亿美元投资进入美国股市，而 4 亿美元投资进入英国股市，则没有任何理由认为美国股市比英国股市更为有效或者信息更对称。这对于其他投资者可进入的股市来说是同样的。在可行的范围之内，我们的投资组合应当根据各个市场占全球市场的比例全盘考虑。

> 许多投资者过分看重本国股市。英国股市价值低于全球的 3％，而英国投资组合中的英国股票占比为 35％至 40％。投资者常常认为自己很了解本国股市。或许他们认为自己面对机遇时能捷足先登。事实上，这种不平衡的投资比例通常源于国家投资限制或是投资者自身将债务与当地市场挂钩。大多数研究表明这种本国优势是想当然的，然而我们最终仍然选择了本国市场进行投资。

与其占全球市场价值本身的比例相比，你可能会低估或高估某些国家市场的价值，并且提出在价值被低估的国家进行投资，这是不明智的行为。在此，你只是想象自己相比配置数万亿美元资金的全球市场更具有投资优势，因此才提出差异化的投资方案。

考虑以下两种投资组合：一种包含世界股指的投资组合，参照全球金融市场给不同国家的企业配置资源；另一种制定其他投资比例。

	全球市场份额（%）	你的投资组合比例（%）	反映出你对市场的看法
美国	35	25	高估美国市场价值
英国	3	30	低估英国市场价值
中国	8	3	高估中国市场价值
日本	6	0	高估日本市场价值
德国	5	8	低估德国市场价值
印度	2	8	低估印度市场价值
巴西	1	6	低估巴西市场价值
其他	40	20	高估其他市场价值
	100	100	

从上表中你能立即发现，你的投资组合比例的选取其实是一种相当莽撞的行为。在英国市场投资的比例高于全球经济市场，这意味着你认为英国市场被低估，且投资英国市场会在全球股市中获取超额收益。同样，你认为美国和日本市场表现得相当糟糕（否则你就不会选择降低它们的投资比例），而印度市场却被低估了。这种投资组合比例就像是你在大声宣扬你比世

界金融市场知道得更多，而正如我们之前所探讨的，在市场中具有投资优势不仅需要过人的技能和观察力，还需要扎实的金钱储备去实践这种理财方式。

现如今，投资者已经可以便捷地进行国际市场投资，因此国际股票投资组合凭借其廉价和简单的特点成为投资者的不二之选。

> 本书的主要观点：理性投资者唯一需要的就是在全球选择股票投资组合。请记住这点并付诸行动。

拿我自己打个比方吧。作为一个生活在美国和英国大约20年之久的丹麦人，我会本能地加大对欧洲和美国市场的投资比例，因为我自认为对它们很熟悉了。但是，如果我照做的话，就意味着欧洲和美国市场确实拥有比其他地区更丰厚的风险收益回报。这可能发生，也有可能不会发生，但重点是我们不能预知未来。或者你会发现自己偏执地认为，"我相信金砖四国（巴西、俄罗斯、印度和中国）将会在之后几十年里表现出惊人的经济增长，因此现在的价格还算便宜"。或许你是对的，但是这表明你确实知道其他人不知道的某些信息。如果你在市场投资中不具有优势，那么这一点是不成立的。

如果你还想进一步了解相关信息，欢迎访问 www. krojier.

com 上的短视频讨论有关全球股市追踪型产品的优点。

多元化投资的优点

全球股票投资组合是我们所能找到的最为多元化的投资组合。图 5 - 2 阐述了国内市场投资多元化的收益，同时也表明收益会随着投资类型的增多而下降。这与常识相符。在同一市场中交易的股票紧密关联（它们面临着同一经济市场和法律的规范），并且只要挑选一小部分股票作为投资组合的元素，你就可以减少个股带来的大量风险。所以你可以通过挑选 15～20 只表现不相同的大资金股票做长线，从美国指数基金中大量获益。（如果你只选择同一行业表现相同的股票，那么多元化的效果将

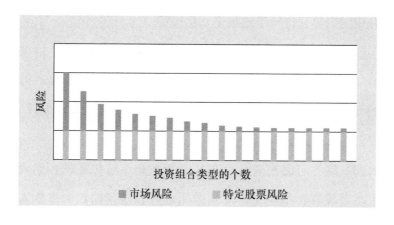

图 5 - 2　投资组合多元化与风险的关系

会大打折扣。）你没有实现美国市场的理性投资组合（你只选择了15～20只股票而放弃投资余下的股票，这表明你在投资中具有优势），但是你在投资多元化这方面做得很不错。

如果将投资范围拓展到全球范围，那么我们将获得更为多元化的投资。这是因为我们投资选择的范围更广，股票数量更大。更重要的是，这些股票产生于不同的地域经济。几十年前我们没有机会进入全球市场投资，对于某些地域的投资者来说现在仍是如此，不过相比之前进行国外地域多元化的投资要方便得多。

广泛市场投资组合的好处总结如下：

（1）投资组合需要尽可能地多元化，进入市场投资的每一美元需要同等重视，与理性投资者的信条相符。（我敢打赌，在过去20年里日本市场从最高点跳水75％时，大部分日本投资者都希望他们早就进行了地域多元化投资。）

（2）我们只是尽可能地广泛进入不同的市场投资，因此相当容易构建简单且廉价的投资组合。我们不需要为能够胜过市场的专家买单。长此以往节省的费用会给我们带来巨大收益，不要忽视这一点。

（3）这类广泛投资组合在几十年前是不可想象的，而现如今大多数投资者都能很方便地采用这种投资策略。大多数人认为"市场"只局限于他们本国的市场，或是某一地方市场。好好享受发展后的广泛投资组合带来的好处吧。

自定比重的投资组合是否更为优秀？

许多投资方面的研究表明价值投资（低价股票/低面值/较低的财务指标）和小公司长期表现高于市场平均水平。多数指数型产品被创造出来以迎合这种说法。

长话短说，我认为理性投资者不应该购买自定比重的投资组合作为市场指数的代表。通过主动放弃投资市场的一部分（高速发展或是规模较大的公司），投资者仿佛在宣称投资这些公司的人能够获取的信息少，这与理性投资的做法相悖。倒不如假设那些处于行业增长期的投资者或是大公司的投资者身经百战、见多识广，读过所有有关投资方面的书籍，了解历史上市场各个领域内存在过的超额收益。他们又不蠢。实际上，他们与价值投资或是小公司投资者一样，只是市场的一部分。你真的认为只有那些坐拥百万的大公司，例如谷歌和苹果才会被信息匮乏的投资者相中，而其所知甚多的那些公司应该从其理性投资组合中剔除吗？

任何提出自定比重的投资组合的投资者都像是投机者而不是被动的投资者。同样，这类与普通指数产品相差甚远的投资组合的内含成本与积极管理型基金的成本相似。假设一个自定比重的指数囊括了 66% 的市场，但是每年成本高于 0.3%。在这种情况下，你得为这类特立独行的投资组合每年付 1% 的成本，或是一些积极型投资经理要求的类似费用。

我也认为许多自定比重的指数只是为了迎合偏好过去业绩优良的公司的投资者，这也使得这些产品更加容易卖出。如果有较高的市盈率和增长率的股票在过去几十年内表现优异，那么许多指数将会包含这类股票，佐以图表以保证其对未来趋势的预测的准确性。用过去的优渥的回报作为未来会获得同等回报的证明是自欺欺人的做法。

积极地取舍部分投资市场的行为表明，我担忧小型企业的投资能否在实施层面落实。积极型小公司投资组合极其昂贵，因为如果你想做任何规模的交易，那么其中的高额价差和价格变动是不可避免的。但是即便能够承担这些成本，你也仍然会抱持这种疑问：自己真的对市场活动熟悉到可以宣称自己在投资活动中具有优势，甚至可以放弃某些市场股票而提高其他股票的比例吗？到底是什么信息只有你才知道，而更广泛的市场对此一无所知？

举个例子，无论你是购买北美生物指数，还是购买比利时指数、大宗商品股票指数等，如果微软占较大比重，那么你都是在表明自己在投资市场中具有显著优势。

如果说本书不涉及一夜暴富教程，那也不尽然。你只要借

> 尽可能多的钱，卖出所有短期和广泛的指数，买入所有你认为超过市场预期的指数，之后只需静候佳音，世界会证明你是对的。你将财源广进，而所有金融媒体都会对你的天才投资大书特书。
>
> 　总之，购买最广泛且最廉价的指数，做长线。

如果不管出于何种理由你都无法购买上述广泛地域的投资组合，那么你的投资组合得尽可能涵盖大部分市场。如果你只能投资美国股票，则请购买整个市场指数——在成本相同的情况下，用标准普尔指数代替威尔逊 5000 指数。如果你只能投资欧洲股票，那么同样地，请购买整个市场指数。

什么是全球股市？

现如今全球股票市场市值高达 75 万亿～80 万亿美元。正如你所想的，在过去几十年，全球股市市值急剧增长，即使是 2008—2009 的股市跳水，在整个股市上升的历史进程中也只不过是沧海一粟。

全球资本市场规模的扩大不单单源于股价的上涨。许多新股在证券交易所上市，特别是在美国与欧洲之外的地方，新市场以惊人的速度发展。市场规模的扩大可能是因为人口的增长、GDP 和储蓄金的增加、国有企业的私有化，或者是更多的国家从计划经济转向市场经济。①

　　美国是世界上最大的股票市场，其他国家与美国的差距更为明显。在美国上市的股票市值大约为 25 万亿美元，而在撰写本书时，苹果和谷歌是最具有价值的公司。虽然如今美国股市代表世界上最大的国家股票市场，但其所占的全球份额相比几十年前已大幅下降，其中的缘由与近些年其他股票市场的异军突起是分不开的。全球的市值数据持续在变化，所以我们仅着眼于不同国家现在所占的份额（见图 5 - 3）。

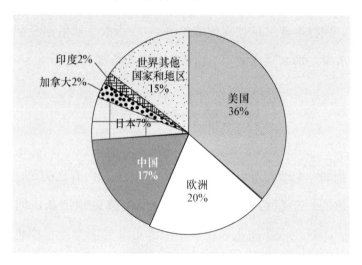

图 5 - 3　股权市场价值

资料来源：基于 www. worldbank. org 的数据。

———————

　　①　一些新兴市场的公司选择在西方交易所上市以增强公司影响力，因此国外的公司在交易所中占了相当一部分的比重。

不同全球指数因其涵盖的国家风险敞口大小不同而存在些许差异，图5-3描述了你在购买追踪全球指数的产品时的风险。因为一些全球指数不包括所有拥有有效的股市的国家，所以那些被包括的国家所占的比例将会稍高一些。但是即使你选择的指数追踪型产品只包括全球排名在前35～40的国家，这也能够包含全球95％市值并且成为具有代表性的样本。你应当能够在券商网站上查询到指数所包括的市场及其权重。

一项对大部分全球股票投资产品的批评源于美股在其中的占比过大，这与美股自身的高流动性与存在大量自由流通股，以及相比之下其他国家股票市场存在的交易难问题是分不开的。我同意这种产品不是尽善尽美的，不过这种情况已在大型美国公司——例如苹果、谷歌、微软等公司——创造的大型非美国商业敞口中得到缓解。同时，各个国家市场逐渐会开放对国外投资者的窗口，许多未上市的公司首次公开募股，使股市自由流通股数量增大，从而占据全球指数的更高比重。这当然是推销指数产品的金融经纪人乐于见到的。

值得注意的是，许多国家拥有与本土经济规模相关的或大或小的股票市场（见图5-4），美国近似占有全球股市35％的份额，而它的GDP大约只占20％（现在仍然在持续下降）。一些国家的股票上市具有悠久的历史，因此法律会对上市股票提供更为完善的保障。同样，因为现在大多数企业经营重心兼顾海外，所以股票市值不能准确反映国内经济状况。不过，不管有怎样的理由，作为一个全球股票投资者，你不能期待你所在地域的风险敞口完全与经济产出相符。

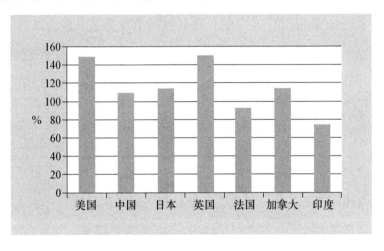

图 5 - 4　股票市场价值与国家 GDP（基于两个网站的数据）

资料来源：基于 www. worldbank. org 和 www. imf. org 的数据。

当所有国家有大致相同的 GDP/市值比例时，投资组合更易展现多元化，全球指数更加需要以市值进行加权计算。如果市场配置资源时存在风险收益，那么这确实符合有效市场的假说，因此我们基于市值的产品也是值得信赖的。

当你购买一个全球股市产品时，大多数标的证券将会以你所在国货币之外的货币进行交易，这将自然地产生外汇交易风险。举个例子，当你作为一个英国投资者以英镑购买全球股市追踪

产品时，你会间接地购买巴西国家石油公司的股份。巴西国家

石油公司以巴西国家货币（雷亚尔）上市。因此，购买巴西国

家石油公司的股份意味着英镑得换成雷亚尔进行交易（见图5-

5）。同样，其他货币与证券也包含在指数中。①

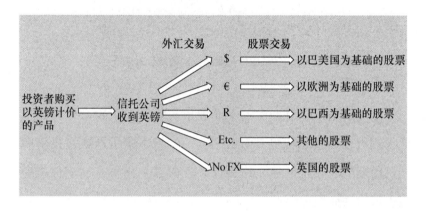

图5-5　股票与货币风险敞口的一个例子

在图5-5的例子中，你现在得承担巴西国家石油公司的股

价变动与雷亚尔对英镑的汇率变动的风险（见图5-6）。

在这个例子里，我假设巴西国家石油公司的股价从20雷

亚尔涨到25雷亚尔，但是英镑对雷亚尔的汇率从3.2降至

3.1。股价上涨与汇率变动使得投资组合整体从100英镑上涨

至129英镑。

———————

①　交易安排听起来很麻烦且成本不菲，但是券商会主动降低交易流量，从而减少
交易次数。事实上，也可以通过以较低的价格买卖外汇、股票金融衍生品，或者进行小
额交易，最终降低成本。

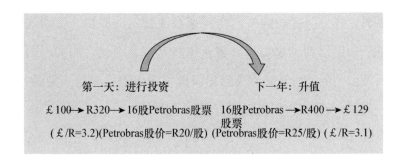

第一天：进行投资 下一年：升值

£ 100➜R320➜16股Petrobras股票 16股Petrobras➜R400➜£ 129
股票
(£/R=3.2)(Petrobras股价=R20/股) (Petrobras股价=R25/股) (£/R=3.1)

图 5-6 股价与货币变动的综合影响

注：£表示英镑，R表示雷亚尔，Petrobras即巴西国家石油公司。

全球股票投资组合中的不同股票与货币的风险敞口使得广泛投资组合的多元化更具有吸引力。如果本国货币或是投资基础货币贬值、表现低迷，那么货币敞口多元化将有助于你避免因价值暴跌而损失惨重。

一些投资经理可能会建议你尽可能地投资你将会使用的货币类型的产品。所以英国投资者应当购买英国股票，丹麦投资者应该投资丹麦股票，而一些最终需要不同货币的投资者才需要投资多元化（如果不同货币成本不同）。货币匹配确实能够带来一些好处，最明显的是期限较短的负债。然而通过购买国家债券能够更为精准地实现货币匹配（最低风险的投资产品）。如果你担心最主要的货币波动幅度较大，那么在投资之初你就该问问自己能不能承担股市风险。

广泛的投资组合与货币风险敞口青睐多元化的收益，同时这也可降低本国经济动荡带来的损失。当货币表现异常时，发行货币的国家通常是问题的根源所在（这条经验法则当然存在例外），因此在这些案例中采取地域风险敞口的多元化将会令你受益匪浅。①

期望收益：无保障，但是实际收益为4%～5%

股市的期望收益来源于我们关于"股权风险溢价"的观点。额外风险是指超出最低风险投资产品的风险，而股权风险溢价正是市场对于额外风险的期望收益。这不能表明现在处于熊市或是牛市，只能说明过去投资者确实对风险投资存在需求，而不是仅青睐风险较低的投资产品。我们也可以假设投资者在股票之于国家债券的额外风险上寻求稳定的收益。

股权风险溢价大小仍然有待商榷，而4%～5%是为大家所接受的范围。如果你之前了解过100年前全球股市的收益（见表5-1），那么你肯定知道这个时期的复合收益率在这个范围之内。不过与如今相比，当时市场的状况是蒸蒸日上还是萧条冷清，便不得而知了。

股权风险溢价不是自然的法则，而只是基于过去市场的表

---

① 汇率对冲的投资产品确实存在，但是在我看来，现在对冲的费用增加了成本，而且没有明确的收益，有时甚至无法提供有效的对冲结果。除此之外，许多公司本身进行了对冲投资，这意味着市场已经能适应汇率变动而较平和地波动，或是因为资产的所有权、国外市场交易而天然产生了对冲（比如巴西国家石油公司使用美元进行交易）。

现——包括熊市——做出的对未来收益的展望。金融学者和经济学家强烈反对这种观点，认为这种"以史为鉴"的做法是完全错误的。在我看来，股市悠久的历史和波动性正是这种我们期望收益的起源。股市投资者在过去曾为股市产生的风险要求 4%～5% 的收益，因此我认为在未来投资者仍有可能为股市中相似的风险寻求相似类型的收益。

表 5－1		1900—2015 年收益（%）	
	名义	实际	风险
全球股市	8.5	5.00	17.50
美国短期国债	3.9	0.80	
股权溢价风险		4.20	

　　一个对于使用过去收益预测将来收益的做法的批判着眼于该预测会使峰值更高、谷值更低。[①] 历史收益更加看重 2008 年 7 月 1 日的数据而不是 2009 年 7 月 1 日的数据（金融危机之后），你可能因为 2008 年中期优秀的市场表现而选择投资股票。结合当时的低风险与之前的高回报，股民可能会在这个错误的投资时刻按捺不住。

　　我理解一些人对期望收益的批判，不过仔细想想数据的时

---

　　① 你也可以通过股市利率或是市盈率估计股权风险溢价的大小。可以将其中任意一个与长期收入增长率结合起来预测股市回报。然而不论是股市利率还是市盈率都是采用相对短期的财务数据，因此将其与高度不确定的长期增长率一起使用有可能推断出某些同样不确定的结论。有人提出可以向投资者直接询问他们对市场收入的预测。有趣的是，这些采访都被指出过于情绪化，过多地关注哗众取宠的渴望收益而非理性的期望收益。

间跨度，期望收益仍有几分道理。许多国家几百年的数据（一些数据仅统计美国股市，排除表现较差的市场，因而产生了选择性偏差）中，既有熊市也有牛市，当然也包括表现平平的市场。因此，我认为历史数据能够指引我们在未来对股市的这类风险及收益做出基本判断。

实际上，历史上的投资者很难购买全球股市指数追踪型产品。指数产品的佼佼者 MSCI，也只是在 20 世纪 60 年代晚期才开始兴起的，但是能够真正投资这类相似的指数或是流动性的产品还得等到几十年之后。图 5 - 7 展示了 MSCI 全球指数的历史收益。在这种情形下，我认为时间跨度仍然太短（40 多年）以致不能根据这项数据预测未来全球股市的收益，当然更多的历史数据可以支撑我们的预测（虽然不会与当时的指数完全一致）。

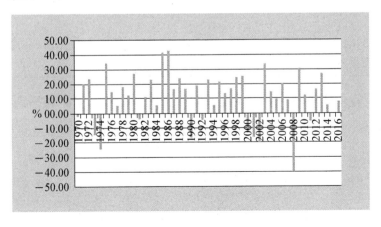

图 5 - 7　自成立以来 MSCI 全球指数（红利再投资）

Lars 的预测

所以长话短说，我平均每年期望收益为 $4\% \sim 5\%$，这是得益于在广泛的全球股市组合的最低风险[①]之上所承担的额外风险。这无法表明每年我必然能够获得 $4\% \sim 5\%$ 的收益，而仅是在我们预测未来的复利时给出的参考标准（见表 5-2）。注意这里的股权溢价是与短期美国债券相比而言的。当然，这也可以外推至其他最低风险货币国债，因为美国国债的收益大致与其他 AAA/AA 评级的国家的债券相同，例如英国、德国、日本等。

表 5-2　　　　　　　未来期望收益（包括红利收益,%）

	实际收益	风险
全球股市	$4.5 \sim 5.5$	高
最低风险资产	0.50	非常低
股权风险溢价	$4 \sim 5$	

对于那些因期望收益过低而大失所望的投资者，我感到很抱歉。不过在书中和表格里夸大其词也不会改变事实。一些投

---

① 历史风险溢价是在短期债券的期望收入基础上得来的结果，最低风险投资产品的期望收益为 0.5%，这与短期债券的期望收益不一致。（撰写本书时的实际短期债券收益为负值。）然而短期债券收益曾经接近过 0.5%，这也是股权风险溢价的计算基础。当期的收益率曲线表明实际利率为负值的情况不会一直持续下去。

资者甚至认为未来的收益和过去的齐平就令人欣慰了。客观来说，年均 4%～5% 的风险溢价会使你的投资增值不少；每过大约 15 年，你的实际资产就会翻一番。

> 复利的收益从来不会让我失望。如果我每天不再前往星巴克小饮一杯，那么省下来的 4 英镑在 5% 的收益的股市中将会大放异彩，而我的储蓄也将在我 70 岁时达到英国国民平均收入的 4 倍（我现在 44 岁）。

一些人确实不习惯根据一些非科学的历史表现或是我猜想的利率，对未来股市表现做出推测。他们的担忧也有道理，然而在某位专家能够提出一种更为可靠的预测股市回报的方法之前，这是我们仅有的也是最好的指导方法。从常理上来说，股权溢价有其存在的理由——如果我们投资风险较高的股权，但却没有任何额外收入进账的话，那么这会使得投资者保守地投资低风险的债券。

另外一个问题是关于计算风险溢价的前提。我们只是认为风险溢价保持不变，不会随着我们周围世界的改变而改变。这很明显是错误的。2008 年金融危机之前相对稳定的时期的期望收益，不可能与 2008 年 10 月恐慌与绝望到达顶峰时的期望收益相同。不知道哪位投资者在 2008 年 10 月的金融危机前能够做到"泰山崩于前而色不变"，与 2006 年时一样泰然自若地考虑相同的期望收益？

但是有些投资者就是愿意在市场到达恐慌的最顶峰时参与投资，以寻求额外的风险溢价。这表明风险溢价不是一个常数，其在某种意义上依赖当时市场的风险状况。如果投资者愿意承担更高的长期风险，那么他们自然得寻求更高的期望收益。上面所提到的股权风险溢价是基于平均风险水平的期望收益。

总 结

为了尽可能地简化复杂的全球金融市场，图5-8告诉了我们扣除通货膨胀后的实际收益的大小。

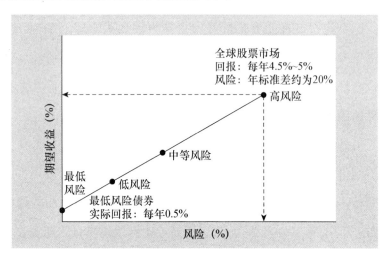

图5-8 风险/期望收益

作为一名寻求更高风险收益的投资者，你可以选择多元化的全球股市投资组合。尽管每年的预期收益会以 20％的标准差变化（见第六章），但这仍然可以在最低风险国债的基础上额外给你带来 4％～5％的收益，而最低风险国债的收益每年一般为 0.5％。

如果全球股市对于你来说风险太大，那么可以通过投资最低风险债券来满足你的风险偏好。简单来说，按下表所示的经验进行选择即可：

最低风险	较低风险	中等风险	高风险
100％最低风险债券	75％最低风险债券	50％最低风险债券	0％最低风险债券
0％股票	25％股票	50％股票	100％股票

当然，任意比例投资均可，只要它符合你的个人偏好。指数追踪型产品可以向你提供全球股市风险敞口。这很重要。在实际操作步骤的章节我会详细讨论你需要购买的产品的类型以保证你能承担风险。这当然也是基于你的税务情况的考量（见第十二章）。

如果你确实按照本章要求的步骤进行投资，那么长期来看你必然会比那些支付大笔多余费用并因此穷困潦倒的投资者好得多。应谨记于心的是，通过投资两种指数追踪型的证券最终也能达成理性投资组合：一项是追踪你的最低风险资产的指数；另一项是追踪全球股市的指数。一项完美的投资组合，仅仅由两种证券构成（见图 5-9），谁说投资很难？

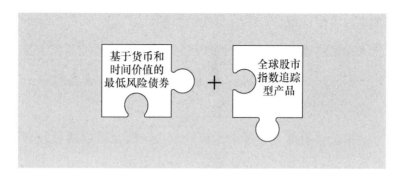

图 5-9 简单理性投资组合

如果这看起来过于简单，那么记住全球股市风险敞口已经包括许多货币体系下的全球大量著名公司的风险敞口。你的两种证券已经具有多元化投资的特质，它们的最低风险会给你的投资带来无与伦比的保障。两种投资产品的比例取决于你自身的风险/收益偏好。

第六章/*Chapter Six*

股票市场的风险

在本章中我希望能够说明，我们在股票市场上可以获得的巨大回报是如何变得非常不稳定的，而正收益也绝不是肯定的。在过去的不同时期，股票投资者已经有了巨大的亏损，这作为一个非科学的警告，可以让我们对潜在的未来的巨大损失做好准备和计划，这可能是因为我们在股票市场中追求可以产生的令人兴奋的回报。

了解你获得回报的风险

似乎每一个前泡沫时期都充斥着大量的不断变化的范式故事，或者"这一次是不同的"的观点，然而最后看到的只有历史不断重演和市场的下跌。接下来不可避免的是关于那些预测到它的到来以及那些认为会更加严重的人的故事。

尽管没人知道股票市场会发生什么，但我们可以通过观察察觉到投资某些股票的风险。图 6 - 1 通过 12 个月的回报的标准差（SD）展示了过去 30 年美国和世界的股票市场风险。

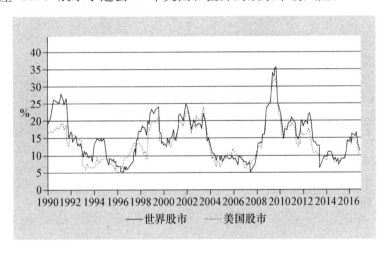

图 6 - 1　股市风险（取过去 12 个月的标准差）

你可以很快发现风险的波动很大——毫不意外，在 2008—2009 年金融危机时的波动更大（注意，在 2009 年最高峰的时候世界股票市场的标准差超过了 40％），而在危机之前的 2007 年的市场回报的波动要小得多。你还可以发现世界股票市场的风险与美国股票市场的风险的联系是多么紧密。这不仅仅因为美国市场是世界市场最大的组成部分，还因为这个世界比过去更加地互联互通。但我们从图 6 - 1 中可以看出，根据过去的情况预期股票市场的标准差为 20％并不是一个可怕的猜测。①

　　标准差很重要，因为它可以让你了解可能会有多少回报。假设回报分布在众多潜在结果的预期平均回报附近，则标准差会告诉你未来结果与平均回报的差异。一个高的标准差意味着更多的结果会与平均结果不同，而低的标准差则意味着绝大多数结果都在平均回报周围。我们不知道未来的实际结果会在什么时候出现（除非你有一个水晶球），但标准差帮助我们了解未来的实际结果的变化到底有多大。关于标准差的详细解释请参看附录，包括饱受诟病的标准差大大低估了股票市场中大幅度下跌的频率和幅度这一点。

你可能损失惨重！

　　绝大多数投资股票市场的投资者很少担心投资价值的小波动，而担心会快速损失巨额资金的风险。

　　从 1896 年设立时的 40 点左右增加到本书写作时的 20 000

---

　　①　对那些对复杂数学感兴趣的人来说，有一个更好的预测未来股票市场波动的方法。查看股票市场指数期权的价格，唯一不易观察的变量是预期的波动率（其他的输入量包括期权的成交价格、指数目前的价格、到期时间以及利率）。通过布莱克-斯科尔斯（Black-Scholes）期权定价公式我们可以获得隐含的波动。通过不同成熟期的期权的隐含波动率我们可以发现交易对未来市场的期望。过去，对于标普 500 指数你可以观察给出下个月市场的隐含波动率的 VIX 指数，但是这个隐含波动率会因你关注的市场、成熟期和成交价格的不同而不同。

点左右，道琼斯指数展示了股票市场惊人的成功故事，这是对投资股票市场所获得的财富的简洁描述。但是这个光彩夺目的股票市场却会周期性地发生价值大降，并且大多达到了大萧条的程度。图 6-2 展示了从道琼斯指数设立以来的最严重的损失。很明显，投资股票市场有可能使你损失惨重。

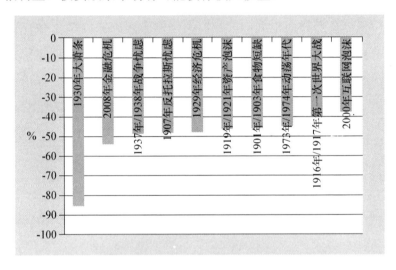

图 6-2　自 1900 年以来道琼斯指数的低谷

图 6-2 展示了一种全面看待事物的好方法。一种使用这些图表的超简单的非数学的方法认为，"如果危机像 20 世纪 30 年代大萧条那样严重，那么至少我们会知道股票市场会暴跌超过 80％"或者"如果 2008 年金融危机再次爆发，那么我们知道在这种情况下市场会暴跌 50％"。

虽然导致市场亏损的未来事件可能看起来并不像过去发生

的，但这种简单的比较是构建风险的有效方法。

即使你能够忍受这痛苦的损失并保持你的股权，从图 6-2 中的巨大的损失中恢复过来也需要很长的时间。记住，假若你在 20 世纪 30 年代的大衰退开始之前投资了道琼斯指数 100 美元，那么在触底时你只剩 15 美元，这对最有耐心的投资者是一个挑战。

图 6-3 展示了道琼斯指数从图 6-2 的下降中恢复过来的年数。

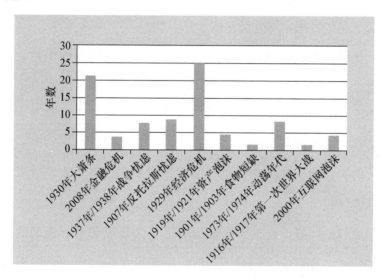

图 6-3　道琼斯指数从低谷中恢复的时间（年数）

这里的重点是即使你已经触底，可能也需要很长时间才能从这个坑中跳出来，而很多时候这个时间比大多数投资者的投资周期长。

不要以为市场总会反弹

上文所列出的图表都是基于美国的股票市场，而且主要是道琼斯指数，这只不过是市场的一小部分。人们通常使用美国股票市场来做数据分析，这不仅仅是因为这里有最全面的数据集，还因为它主导了金融学术界，至少历史上是这样。即使二三十年前，要获取完整的国际数据也非常不容易，而且即使你获取了这些数据，要分析它也十分困难。

使用美国的数据的一个难题就是它带入的选择性偏见。20世纪是美国的世纪，而股票市场反映了它的成功。但使用来自一个非常成功的地理区域的一个非常成功的世纪的数据并不意味着将来的事情依旧如此。

假设你是一名在1917年革命以前投资俄国股票市场或者政府债券的投资者。你将失去一切，并且没有恢复的希望，也没有追索权。同样，有很多投资者遭受了大规模和不可挽回的损失的例子。在研究上面的图表时，可能存在相信如下危险观点的倾向："尽管会有一段时间，但是股票市场总是会恢复过来。"它们可能不会。

市场总是会反弹的观点的不利之处在于，一些投资者将"插入"下跌市场，例如买进弱势资产或逢低买入等。无论如何，如果市场总是会恢复，那么这个理由是对的，你也将不会遭受损失。这种观点就像是一个赌徒去赌场，总是押注红色，并且在每次输了之后都会将赌注加倍。这种策略一直是有效的，直到你花光所有的钱。

有些人可能认为2008年金融危机的反弹是市场总是会反弹而过去那些完全不反弹的损失的例子只不过是历史事件的证据。对此我会说，看看日本。

在图6-4中，日经指数的交易价大约只有其在20世纪90年代中期峰值的50%，尽管已经从最低点恢复了超过100%（因此尽管投资了20年，部分投资者在日本的投资依然只有之前的75%）。当我20世纪90年代在大学里学习经济学时，我还记得我们经常会考虑日本奇迹。我们被告知终身雇佣制和卓越的生产技术等特殊的特征如何带来日本的崛起，而其含义也十分明显：日本将持续繁荣。而在1996—1998年商学院就很少提到日本经济奇迹了，更别说自动制造技术等奇怪的案例了。

即使日经指数会完全恢复过来，这也会是在遥远的将来，并且与现在的很多读者的金融生活无关。在1990年的最高点之后，很多人会预测图6-4所示的内容并将其应用于欧洲或美国市场，而不是日本。因此，不要认为这种情况不会发生在你的国家的股票市场甚至是更广阔的世界股票市场。

我们不知道未来会发生什么，但是仅根据历史数据做出过

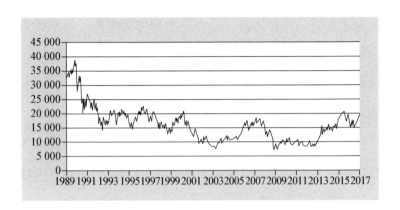

图 6-4　达到峰值之后的日经指数

多的推断是非常危险的。我们不知道我们所不知道的，也很难去纳入这个因素。在接下来的一年、十年或者一个世纪里，我们可以幸福地拥有和平与繁荣，也可能遭受完全不可预料的灾难。考察美国股市如何应对 20 世纪可怕的事件让我们看到了未来世界股市会如何应对，不过有相当大的可能性是未来的损失非同小可。

多样化和虚假的安全感

尽管不同国家的股票市场的相关系数在过去的几十年里一直在上升，但是多样化的好处依然是显而易见的。地方公司相比几十年前更加依赖国际市场，但是它们依然有不同国家经济的特点。后者在不同的法律和政治环境下运作，它们可能依赖当地因素，如获得商品、熟练劳动力等，它们也受到自然灾害（比如日本）或政治动荡（比如中东、巴西等）的影响。在一个地区或国家通过实现多样化来远离这种风险敞口是很有意义的。

在低迷的市场中相关性较高的主要问题是，当我们真正需要时我们并不总能得到多样化的保护。如果这种情况发生在每年增长10％的市场中，我们就可能不太关心月回报的波动性因相关性高于预期而略高（见图6-5）。但如果我们的回报因不同的投资之间的高度相关性而下降了40％，那么我们就会非常关心。如果我们认为不同投资之间的相关性或多或少只是一个常数，那么我们理解的投资组合风险是在一个糟糕的市场并且会因此而遭受比想象的更大的损失。上升的相关性是在2008年的大崩溃中影响很多投资者的重要因素，不仅仅是世界主要的国际股票市场，还包括一些被认为不会有相关性的资产。（某些政府债券是显著的例外，成为动荡中的安全资产。）

美国次级投资建议的一个主要卖点是美国所有的住房市场从未同时下跌过。这种多样化理应可提供很好的投资保障，并且是高评级和高吸引力的主要驱动力。简单来说，投资者不会相信迈阿密、洛杉矶和达拉斯的住房市场会同时崩溃，因而愿意以低成本提供更多的债务。在崩溃的时候，不同住房市场之

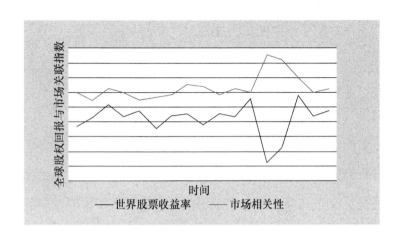

图 6-5 全球股权回报与市场关联指数

间的相关性达到了极点，以至它们表现得像是一个市场，从而难以提供多样化去防止特定地区的下跌。由此产生的金融界的尴尬和巨大的金钱损失变得非常明显。

有些人回顾了历史上更多的在地理上兼容的市场衰退，并希望有机会在国际上实现多元化。现在可以多样化，但是相关性上升了。你不能拥有一切。随着时间的推移，流向外国股市的跨境资本增加，并且由于贸易活动或信息流动，世界总体上的联系变得更加紧密，相关性可能会进一步提高。更高的相关性意味着，如果认为只是多样化就可以保护我们不受坏事的影响，那么就可能是在愚弄我们自己，我们因此会在投资组合中有更高的风险。

重新思考风险

对某些人来说，标准差或离差可能听起来像是会让其陷入困境的古老的金融相关术语。我建议不把它作为精确的科学的概念，而是将之作为一个用来大致了解所投资的股票的未来风险的工具。下一步就是弄清楚如何用它来理解我们的投资组合的风险。

除了依靠直觉或在报纸上收集信息之外，我们可以更准确地了解事物的本质。一个有 20％ 的标准差的未来市场与一个 40％ 的标准差的市场很明显不一样：前者市场预期风险要小得多。同样地，你不能假设未来的回报像标准差的规则的钟形曲线一样分布——它们不是。了解离差有助于解释这一点。更有意义的是，真正的坏事件可能偶尔会发生，尽管标准差表明它和被流星击中一样不太可能。

本章不仅给出了相关问题的答案，而且使得投资者可能已经对股票市场有了直觉。从长远来看，我们可以期待来自股票的良好回报，但这并非没有风险，而且这些风险可能是不可预测的。我们最好为此做好计划。

第七章/Chapter Seven

加入其他国家与企业的债券

本书的主要目的是为理性投资者选择一个简单但是有效且稳健的投资组合。简单来说，如果你不想承担任何风险，那么选择最低风险的产品；如果你想承担更多风险，则可选择广泛投资组合。若你想选择处在两者之间的风险收益，则请根据你的风险偏好改变两者的投资比例。切记投资产品得尽可能地简洁、节税。你即便选择不再阅读本书，但若能做到以上几点的话，则也可能比大多数私人与机构投资者做得好。

即使你选择无视本章，但只要坚持最低风险产品和全球股市投资组合，那么你就仍然可以获得不菲的收益。你若寻求更为复杂的投资组合，则不妨加入一些其他政府与公司的债券——不过收益可能不尽如人意。

那些愿意接受更为复杂的投资组合（例如加入政府与企业债券）的投资者，可能会认为这一章的概念模糊不清。额外加入的资产类型增强了你的投资组合的多元性，因此进一步增强了理性投资组合的风险收益的吸引力。

对于投资者来说，在投资组合中加入政府债券或者企业债券其实不能帮助他们获得超额收益。之所以在投资组合中增加这些资产类型，只是因为它们作为一个整体能够给整个投资组合带来更为显著的风险/收益特征，而不是因为它们本身足够吸引人。例如家喻户晓的股票投资，我们不能通过购买一只股票获取超额收益。这对于政府与企业债券来说是一样的。

最低风险债券与我们正在寻找的政府债券有什么区别呢？你所选择的最低风险债券应当是你的投资组合的核心。它的目标不是追逐利益，而是尽可能地降低风险。你应当投资其他国家债券，而不是在你的投资组合中的最低风险债券上继续加码。如果你的最低风险债券是英国政府债券，则你应当考虑投资其他政府债券。

调整理性投资组合

在投资组合中加入其他债券增强了它的多元性，但也使其更为复杂。当决定你投资组合中债券的比例时，请保持你作为理性投资者的初心。假设投资在国际市场的每一美元都能传递市场信息，结果就是当我们追加投资一项新类型的资产时，投资组合可以反映所有市场和证券的情况。

现在全球股市市值、政府债券与企业债券总额高达 100 万亿美元。但是我认为你应该只投资政府债券以在最低风险资产上增加收益，因为全球最大的政府债券发行商同时也具有高评级（比如美国、日本、德国、英国等），与"投资全球"战略相比，如果不投资这些产品将会降低投资组合对于政府债券的风险敞口，同时违背了投资组合理论。根据投资组合理论，你应当根据投资产品的市值比例决定投资结构，记得加入无风险资产以满足你的风险偏好。这里我建议你只加入比你的最低风险政府债券收益更高的其他政府债券，否则你将会徒增货币风险而不会有任何额外收益。① 举个例子，如果你的最低风险资产是英国国债，之后继续投资了德国政府债券，那么德国政府债券不会给你的投资组合带来收益，反而会增加英镑/欧元汇率风险。

企业债券与投资组合中政府债券的比例相差甚远，因为我们得在投资组合中加入具有广泛的到期日、区域、货币与信贷质量的代表性的政府债券。②

---

① 如果你想使高评级政府债券更为多元化，或是想在基础货币之外追加投资其他种类的货币，那么从不同的国家购买不同基础货币的政府债券是一种很好的选择。

② 购买债券以在最低风险产品上增加收益这一条对于企业债券也适用。但是实际上几乎没有企业债券的评级比你的最低风险产品的评级高，因此我建议你忽略这一点。

为了使本书的简单信息更为清晰，增加政府债券与企业债券的原因和细节在单独的附录中介绍。如果你愿意在你的投资组合中加入其他的资产类型，请读一读——这将对你大有好处。

在排除最低风险债券与其他高评级低收入的政府债券——所有 AAA/AA 评级的债券——之后资产类别的划分如图 7-1 所示。

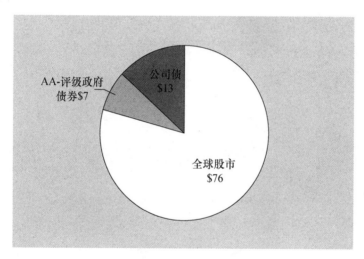

图 7-1　经调整的全球债务与股权划分

按下面所列的比例使用不同类型的投资产品，可以粗略地指导我们如何分散投资：

全球股市	75％
AA-评级政府债券	10％
企业债券	15％

如果你将最低风险产品与股票、风险较高的政府或公司债

券以上述比例进行投资，那么这将使你收获颇丰。因为你的投资组合的比例与市场上为寻求最佳风险/收益而角逐的投资产品占据的比例相差无几。如果你同时考虑到交易费用、税负与你自身的风险水平，那么毋庸置疑，这是非常优秀的投资组合。从图 7 - 2 看，这种进阶投资组合位于 T 点（详见关于投资组合理论的附录）。

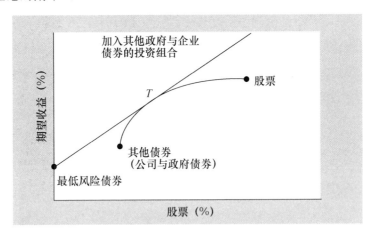

图 7 - 2　进阶投资组合

如果你的个人风险偏好低于 T 点，那么你可以将 T 类投资组合（见图 7 - 2）与最低风险产品相结合。

理性投资组合配置

现在我们手头上拥有如图 7 - 3 所示的理性投资组合。加入

与股票风险类似的政府或是企业债券，理性投资组合如表 7 - 1
所示。

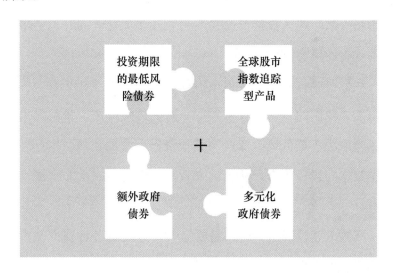

图 7 - 3　理性投资组合

表 7 - 1　　　　　不同风险偏好水平下的理性投资组合

		无风险		中等风险		高风险	
		不同投资组合的构成					
		A	B	C	D	E	F
最低风险资产		100	67	33	0	0	0
风险较高的资产	全球股市指数	0	25	50	75	85	100
	政府债券	0	3	7	10	6	0
	企业债券	0	5	10	15	9	0

　　上表所示的投资组合是最为完美的例子，因为它们是基于
市场自身运行状况的结果，同时我也排除了无回报高评级的政

府债券。所以排除那些高评级的债券后，股票、政府债券、企业债券的比例与现行市值比例相当。如果我们投资的比例与有效市场一致，那么投资产品自然会表现多元化，同时也会带来较为优秀的风险/收益状况。

我们需要将股票与其他政府债券、企业债券相结合，同时也得加入我们的"安全投资"——最低风险资产。我们寻求多少风险取决于最低风险资产与其他资产所占的比例。用这种方法构建你的投资组合，从长远来看，这将会是一次非常成功的投资。

实施上述投资组合时，需要尽可能地投资各种资产类型中具有代表性的产品：

资产类型	描述
最低风险资产	英国、美国、德国等国家的政府债券（或是相同的信贷质量的其他债券），符合投资者预期的到期日
股票	全球股市指数或是尽可能地广泛
其他政府债券	多元化，不同到期日、国家、货币类型的政府债券；我们使用 AA -评级债券作为例子
企业债券	不同到期日、信贷风险、货币、发行商与地域的差异化的企业债券

阅读附录"在理性投资组合中增加政府债券"与"在理性投资组合中增加企业债券"能够使你了解如何在投资组合中获取风险敞口。第十二章将会更为详细地讲述如何投资最低风险

资产与全球股市指数追踪型产品。

　　如果上述投资策略显得较为简单，那么我所追求的投资目标也就达到了。作为一位理性投资者，其总是想抢占先机在最低股票风险之上添加一些复杂投资，那么根据全球金融市场中的实际回报的比例进行债券投资即可。我们认为完善的市场功能会使得许多债券与股票的价格反映自身的风险/收益特征。

　　当然，不是每一笔投资都能如实反映价格。假设确实如此，那么所有人都会相信当前价格就是证券的实际价格，这样一来也就不会有交易发生了。所有人都会接受价格如实反映了所有信息与证券风险收益状况这一观点。但这不是重点。重点是我们应当认识到，我们处在一个无法获取比市场决定的价格更为深入的信息的位置，因此我们无法重新决定投资类型的比例以获取更为可观的收入。

理性投资组合的期望收益

　　下面是我们在上文已讨论过的不同类型的投资组合的收益估计。基于不同的学术研究的结论、关于金融市场的研究以及我个人的看法，我总结了不同类型资产的投资组合在通货膨胀因素下的期望收益：

	年实际预期收益	备注
最低风险资产	0.50%	美国、英国、德国政府债券等
"风险较高"的政府债券	2.00%	次 AA 级信用国家
企业债券	3.00%	混合到期日、国家和信用质量
全球股市指数	5.00%	4.5%的股票风险溢价

在之后的章节里，我们将会探讨个人风险偏好对投资的影响。我们有翔实的数据帮助我们更好地理解风险与股市投资，但是这很难涵盖整个投资组合的风险。虽然我们能够尽可能地量化政府债券与企业债券的风险，但是要准确地预测两者之间如何相互影响或是它们对股市的影响（相关性）还是相当困难的。这也正是为什么预测整体投资组合风险是一项具有挑战性的任务。

在将对股市风险的理解外推至整个投资组合之前，你需要对以下概念有所了解：

● 试着理解你在全球股市中的投资风险。

● 理解最低风险投资不是完全的无风险投资，只是相对股市投资风险较低。到期日较长的债券价值会比到期日较短的债券波动剧烈。

● 其他政府债券与企业债券的风险水平显然位于股票与最低风险债券之间。债券风险越高，它们的表现与股票越相似。如果市场下行，则它们的价格波动将更加类似于股票，但是这只是猜想而已。这里有一个非常粗略的经验法则帮助我们理解，即可以假设其他政府债券与企业债券的风险比股市的风险低一半，但是在熊市时与股票的表现更为相似。

虽然你可以通过继续投资较低风险的政府债券与企业债券使你的投资多元化，但是追加投资债券不一定会带来丰厚的回报。这些投资产品之间的关系在经济不景气时可能会比经济上行时更为紧密，尽管一些评级较高的债券的价格可能在金融危机时上升，成为众多投资者的避风港。

特别案例：如果你寻求更高的风险

当一位投资者的风险偏好位于图 7-2 中高于 T 点的位置时，理论与实际就发生了冲突。理论上，投资者应当借钱以购买更多的 T 类投资组合。[①] 实际上，许多投资者要么不想借钱进行投资，要么根本找不着借钱的渠道。特别是在 2008 年之后，负债累累的投资者往往在损失最为惨重的时刻接到还款通知，因此用借款进行投资不是明智之举。

对于风险偏好位于高于 T 点的位置的投资者，建议购买更多全球股票组合，减少债券的持有量（而不是借款投资股票与

---

① 最低风险点 T，以及 T 点右端的直线假设投资者可用最低风险债券的利率借款。然而实际上对于投资者的借款利率将会高些，且 T 点右端的直线将会更平坦，反映风险增加时更低的期望收益（更高的借款费用）。

债券的组合）（见图7-4）。

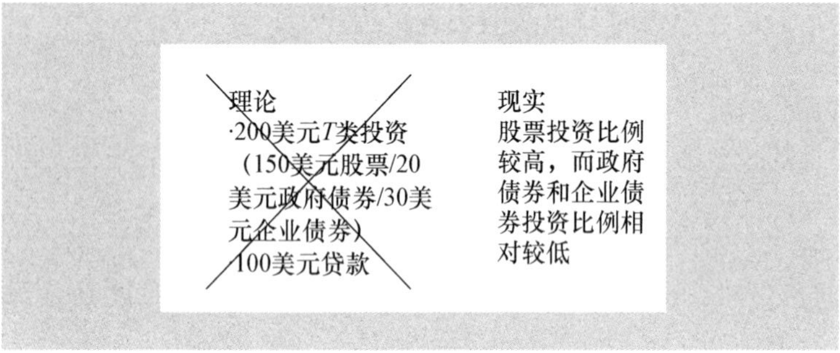

理论
·200美元*T*类投资
（150美元股票/20
美元政府债券/30美
元企业债券）
100美元贷款

现实
股票投资比例
较高，而政府
债券和企业债
券投资比例相
对较低

图7-4　高风险偏好的投资者

如果你寻求比100％投资全球股市更为刺激的风险，那么杠杆式ETF是你的绝佳选择。简单来说，它们运作的方式就像是发行商从你这儿拿走50美元作为抵押获取另一个50美元，之后它们将这100美元进行投资（假设是50％杠杆比例产品）。你将会获得100美元的风险敞口而不是50美元。经济上行时，这显然是有利可图的，但是经济下行时，只会损失更为惨重。

投资组合债券类型的批判

与股票相比，优质债券指数的个数更少，而且几乎不为人所知

确实如此。许多投资者甚至不知道它们的存在。但是我们所关注的是能够在地域与种类上具有广泛代表性的债券产品。虽然其仍然没有得到与股票投资相同的重视，但债券市场依旧在成长。

你将会增持已投资债券国家的债券（它们的未偿债务占企业价值或是 GDP 的比例更高）

这种看法是正确的。但是价格的变动会反映债务的增加。以后可能会存在国家的 GDP 驱动的政府债券指数，但是现在仍然没有被广泛使用。如果你发现一个国家或是发行商牢牢把控住了你额外选择的政府债券或是企业债券，那么你最好理性地减少这方面的风险敞口。

在特定国家债券的交易非常昂贵，不如认为它们前景黯淡，风险重重

关键是你得弄明白与其他市场参与者相比你是否处在成本劣势。如果确实是这样，那么你还是走为上计。如果成本对于大部分投资者来说都是高昂的，那么这部分溢出的成本应当反映在价格上并且不会影响债券的风险/收益状况。

债券利息收益无法节税

很重要的一点。如果你不能找到能够节税的产品（ETF等），那么你可能会考虑当地具有税收优惠的债券，例如美国市政债券。无法节税这一缺点可以抵消产品的其他投资优势。

政府债券产品只代表整个债券体系的一小部分

购买全球债券的一小部分是不切实际、不现实的。指数确保上述投资行为可以实施，因此它们得排除一些规模较小、流动性较差的债券。就像是股市一样（在较低程度上），这正是我们所赖以生存的方式。

债券大多以美元计价。这对非美国投资者来说得好好考虑

当然，大部分债券都是以美元计价的。这是因为美国在政府债券与企业债券上的主导地位，同时也是因为许多已发行的债券采用的不是本国的货币而是美元。如果你的最低风险资产不是美国国债，那么正好可以将它们从你的其他政府债券投资中排除以缓解问题，同时不要忽视逐渐壮大、数量不断增加的国际企业债券。

债券交易昂贵而且无法实现理想的风险敞口

你应当购买类似ETF、债券指数基金或是容易管理的债券基金等产品，除非你在大型投资机构中。除了直接从财政部购买政府债券以外，你仅能购买大面额债券或是投资已整合的产品（例如ETF、指数基金），因此个人投资者很难获得成本优势。（这也将在第十二章详述。）我同意很难找到像全球股市指数追踪型产品这样的既广泛又廉价的风险敞口。对于大多数投资者来说，不追加投资这些额外的产品是最好的选择。许多投资过于昂贵，提供的风险敞口也过于狭隘，不符合理性投资者的预期。

第八章/*Chapter Eight*

考虑一下非投资组合资产

这本书是关于如何使投资组合管理变得简单有效的。总体来说就是：

- 确认你是一个理性投资者。

- 创建一个非常简单的包含最小风险资产和最广泛的股票指数的投资组合，可能还会加入一些政府债券和企业债券。

- 考虑一下你的风险状况，并观察随着你周围的世界发生变化，风险状况如何变化，并据此调整你的投资组合。

- 以低税负成本的方式实施投资组合。建议的投资组合的流动性已经非常好，这很好。如果需要，可以获得税收帮助。

- 确保你是以成本最低的方式购买这个投资组合。这在前面值得花一点时间。

● 不要急躁。随着时间的推移，这个理性投资组合对你来说会好得多，但是你可能不会马上看到组合结构的益处。

● 在我看来，在这一点上你已经比投资界 95％ 的人都要做得好。剩下的 5％ 都是有投资优势的，你不能与他们做比较，你也不应该尝试。

你的投资组合很明显不是全部，你还有其他资产，可能还有负债。对个人来说，这可能是一栋房子、私人投资、家族企业的股份、一块地，甚至有可能是无形的，如未来的继承权、你的受教育经历或技能。对一个机构来说，资产基础可能是未来的商业前景、拥有的员工，等等。同样，你的负债除了房屋抵押贷款之外，也可能是多方面的。

你还拥有什么？

很多投资者认为他们的投资组合与他们的生活毫不相干。虽然这可能在心理上很方便，但投资组合应该在个人或机构拥有的资产或负债的背景下对待或至少受其影响。

大多数投资者倾向于承担相当集中的风险，而且经常不多加考虑。例如，如果你在英国的房地产业工作，在伦敦有一栋房子并且有一天将会继承家族企业的股份，那么你已经对英国的经济有巨大的风险敞口，特别是房地产业。你的投资可能是多元化的合理的资产组合，但你在整体经济生活中仍然存在较大的集中风险。如果英国房地产市场下跌，那么即使你在投资组合中做了正确的事情，你也仍然会处于困境。你很可能因为拥有广泛多元化的投资组合而获得多元化收益，而这与其他资产如此集中这一风险事实相形见绌。你可能会失去工作以及任何潜在的未来的工作前景，你的房子的价格会下跌，你继承的财产价值会更低，一切都是出于同样的原因。

英国投资者在上述情况下的困境，与仅由英国房地产股票组成的投资组合的情况一样令人不快。在这种情况下，所有的资产都会同时下跌而且没有任何喘息的机会。投资者可能会失去利用多样化的机会并且会为此付出代价。

同样，考虑一下你拥有很多你工作过的公司的股票。公司更倾向于与股东和员工的利益保持一致，当公司出现问题时你将会承担集中度较高的风险。不仅你在一家公司工作时的投资比例可能会比你不在这家公司工作时大得多，而且你的工作前景和投资资产也会与同一家公司联系在一起。如果你是最早加入微软公司的员工，那么这非常好；但如果你的雇主是安然公司，这就非常糟糕了。当然大多数情况下，公司股票或期权是补偿方案的一部分，而且很明显接受比拒绝要好，但是我依然要提醒你不要盲目地提高集中度。

尽管英国房地产市场或者你工作的公司可能会因为广泛的

世界经济的原因而同时崩溃，而且股票和债券市场也因此而崩溃，但国际性的投资组合至少会使你可规避地方性的风险。来自今天的希腊、俄罗斯、土耳其或巴西，世纪之交的阿根廷，20世纪90年代末亚洲危机的泰国、印度尼西亚、韩国，或者在过去的几十年里曾违约的某个国家的人，可能会更加理解规避地方性集中风险的优点。如果他们曾经错误地认为地方政府债券没有风险，并且他们惊恐地发现事实不是这样的，那就更加真实了。金融历史的墓园里充满了认为这一次或者在他们国家里事情会不一样的投资者，或者认为会免受风险的专家。

更进一步讲，你可以在投资组合中主动剔除特定的市场，不购买全球的股票，代之以购买除了英国以外世界其他国家的股票。当然，这样做的问题在于，除美国外，大多数国家仅占整体股票市场的一小部分，因此这种多样化的优势可以忽略不计。因为美国市场代表了超过1/3的世界股票市场，所以对于那些担心他们的资产中现有的巨大的美国风险敞口的美国投资者来说，从他们的投资组合中剔除美国市场可能有意义。剔除特定市场对非美国投资者的益处就小得多了，而且任何额外费用都可能难以产生足够的额外的多样化收益。

其他资产

个人投资者在考虑他们的个人投资组合时对于他们的资产通常会理解得过于狭隘。你的个人总资产包含所有的东西，包括有形资产、无形资产、负债，甚至或有负债。这里有一些想法，其中一些可能看起来很牵强：

有形资产

- 投资组合

- 未来养老金（谁做担保？）

- 政府保障网的安全性和慷慨性

- 保险政策

- 持有房地产（你有房子吗？）

- 私人投资

- 公司股票或期权

- 未来继承（也许有些病态，但你有时间概念和投资方式吗？）

- 车以及其他财物

无形资产

- 教育和资质

- 你的语言能力

- 现在的工作和前景（如果你在金融领域工作，那么你已经有很多直接和间接的金融市场风险，并且可能希望通过你的投资组合来减少它）

- 以前的工作经验（将影响未来的盈利潜力）

- 伙伴的教育和工作

- 地理灵活性

- 学习新技能的能力

负债

- 负债的灵活性（你一定会有它们吗？）

- 未来的学费和医疗账单

- 抵押贷款

- 信用卡、车等，贷款（如果你有任何的流动资产，则你不应该增加这样的负债——它们太昂贵了）

- 税（包括变现资产所需承担的税负）

- 是否有不确定但随着经济的变化而上下波动的债务？它们如何与你的资产相关联（其价值随资产价值下降而减少会更好）？

考虑一切并打破常规来编制你的清单。

你的众多资产的表现互不相关当然很好，但不幸的是，这不现实。大多数东西都与经济有某种联系。

如果我们有一个关于投资者其他资产的价值、风险和相关系数的完美的数据集，那么我们就可能能够做一些资产分类的科学性优化。无论如何，这几乎是不可能的。对大多数人来说，可能以此为基础对资产，包括无形资产，进行购买和优化分类都是没有意义的。尽管我们没有这些数据，也不想要进行科学的计算，但这依旧对培养关于上述因素如何相互匹配的直觉有价值。

开始考虑非投资资产的一个简单方法是问自己是否有什么事情你真的不想让它发生，并且会远离它。如果当地房地产市场崩溃了，那么你是否会有麻烦，或者你是否会失业？如果你受教育所学习到的技能不再需要了，那么你是否有能力适应？这些事件的起因会引起你其他地方的资产问题吗？你能够适应吗？

想象一下一个地方的大企业停止了交易。受影响的当地的每个人的思维过程会是这样：

资产	影响	评论
房子	↓↓	和崩溃的地方经济一起下跌
工作	↓↓↓	可能失去工作
工作前景	↓↓	不具备当地需要的其他技能
私人投资	↓	借给依赖当地企业的朋友
投资组合	↔	多样化
公司养老金计划	↓	计划应该得到资助，但不再由公司担保支持

在投资组合的背景下，我们希望减少这些事情同时发生并导致投资大幅下降的可能性。可能你工作过的和受过培训的行业突

然转移到中国或印度，这导致你失业和就业前景黯淡。这对你来说可能是坏消息。但是在这样的情况下，你可以从这样一个事实中获得安慰，即虽然这会伤害你，但你的理性投资组合却被广泛地多样化了，它也许并没有在你生活中的其他一切都出错的时候贬值。

没有一般性的方法可以降低上述的集中风险。如果你发现你有很高的集中风险，那么请尝试寻找剥离部分增加这种风险的资产的方法，并投资更加多样化的理性的投资组合。很遗憾，很多人只有在不幸降临之后才会考虑这些问题。

不仅仅只是地理位置

我有一个成功的互联网企业家朋友。他通过出售他的互联网企业赚了很多钱，现在成立了另一个互联网公司。

他因为之前的公司遇到的风险而没有在新的投资中冒险投太多的钱。他认为，这种对他来说要用一生的储蓄所冒的风险太高了。因此，他把他的储蓄投资在了众多他尊敬的并且认为他非常了解的公司。这看起来很合理，因为他投资了他熟悉的领域。

当然，后来发生的事情是大规模的互联网崩溃，这使得一切都失败了。他的第二次冒险失败了——因为没有人愿意在互联网领域增加投资，他耗光了资金。不幸的是，因为同样的原因，在同样的时间，我的朋友的互联网股票的价值暴跌。

很多人可能会认为我的朋友的行为非常合理。他意识到他在他的第二个公司有太高的集中风险并且通过多样化分散风险，甚至通过现金投资了其他国家。但是最终这个多样化失败了——他实质上没有多元化，因为他所有资产的价值都与同样的假设有关，即互联网会继续迅速上涨。

货币匹配

在 2008—2009 年金融崩溃之前，以外币计价的抵押贷款在欧洲的部分地区风靡一时。理论上，它很简单。你可以在波兰用兹罗提购买房产并通过以瑞士法郎计价的抵押贷款来融资。由于瑞士法郎利率较低，你将支付以瑞士法郎计价的抵押贷款的利息，而不是以波兰抵押贷款的高的单位数利率支付利息。类似地，一些朋友支付低的日元抵押贷款利率来融资购买他们的昂贵的伦敦公寓。

在两个案例中都有货币资产/负债的不匹配。只用支付小额的外币利息似乎很诱人，但是这种协议涉及外汇风险。

金融市场明显意识到了这种利差，并且远期汇率（在未来你能够交易该货币的汇率）反映了这种利差。如果兹罗提对瑞士法郎的汇率是 3.50 而名义利差是 5%，其他情况一样，则一年期的远期汇率是 3.50×1.05。如果在接下来的 12 个月里汇率的现价的变化小于 5%，那么抵押贷款的持有人就获得了利润。利差加上未偿还本金的变化可能比国内抵押贷款的偿还额要低。

在 2008—2009 年的金融崩盘后，这些抵押贷款变得更加罕见，这可能非常有启发性。抵押贷款借款人基本上进行了一场货币性质的豪赌，但货币市场效率低下，他们可能没有能力承担。当危机到来而投资者"逃离"到瑞士法郎等"安全"货币时，汇率反弹到 2～3 兹罗提每瑞士法郎，而等额的兹罗提抵押贷款未偿还余额不断上升。这和波兰房价下跌刚好同时发生。危机前一个有着价值 100 万兹罗提的房子和 80% 的抵押贷款的人，会发现其房子只值 75 万兹罗提了，而等额的抵押贷款为 120（80× 3/2）万兹罗提。很多投资者都因此而破产了。

关键是你必须权衡潜在的货币资产/负债与国外投资和其他货币带来的多元化利益的不匹配程度。如果你在一种货币上拥有巨额的负债，那么在将投资分散到其他货币上之前，至少在同一种货币上使用最小风险类型投资（比如，把抵押贷款保持在与你将要出售房子所得资金相同的货币上）的资产匹配是有意义的。

机构投资者

考虑投资组合背景下的所有资产和负债并不是只是个人投资者才应该做的。假设你经营佛罗里达州的一家保险公司，专门在迈阿密地区提供海滨房产的飓风保险。生意很好——好到你并不想马上把风险转移到再保险公司。和其他保险公司一样，你从收取的保险费里设立了一个储备账户以防飓风袭击海岸后根据众多的保险政策需要赔付。

然后你有一个绝佳的投资机会：一家主要在佛罗里达相同位置投资的房地产投资公司。这个项目承诺高额的回报，而你因为自己已经差不多是这个领域的专家而感觉更好。所以你把储备账户的大部分资金都投资在了这个项目上。

这家保险公司有着巨大的资产和负债相关性风险，并且暴露在了完美的风暴中（没有双关语意）。一旦飓风袭击海岸，这家保险公司就会发现它的负债（保险政策）规模急剧增长，而与此同时因为同样的原因，它的资产（房地产）价值会下跌。除此之外，即使价格较低，房地产资产的购买者也可能会减少，因而流动性会在困境中逐渐枯竭，而且公司很难在最需要时实现现金价值。

上面提到的案例是虚拟的。现实中没有理性的保险公司会让自己陷入如此困境，或者监管机构会阻止它们（就像 2008 年以前对抵押贷款银行一样）。但是可吸取的教训依然不变：你的资产和负债的组合以及你愿意承担的风险对你的投资组合非常重要。

重新考虑一下其他资产

本书这一部分关于整合所有资产和负债并"全部投入"的投资组合管理方法，可能被视为投资组合管理之外的或一种"让人很高兴知道"的管理方式，但是在我看来，每一个投资者都应该慎重地考虑一下。这是一个正在发展的金融公司对你的其他信息有更好的理解并可以更好地加以整合的领域，希望结果是他们可以更轻松地提供专门针对你的需求量身定制的廉价产品。尽管这不是本书的主题，但我依旧强烈建议你考虑一下你的广义的资产以及事情是如何融合在一起的。如果你的广泛多元化的投资组合仅占你整体资产基数的 10% 左右，而剩下的约 90% 是高度相关的并且依赖相同的因素，那么你投资组合的多样化实际上可能会给你带来一种虚假的安全感。

理性投资组合中缺失的一环及原因

在这一章我会讨论其他流行的产品类型，以及理性投资组合为什么不选择投资它们的原因。当我们的投资重心从股票市场与债券市场转移到我们个人熟悉、具有归属感的当地经济市场时，不具有投资优势这一前提显得更为重要。用整整一章讨论你的投资组合放弃的产品可能会显得有些奇怪，但是需要注意的是，本书中的投资组合是为那些不具有投资优势的人准备的，因此这类投资组合得尽可能简单、便宜。而理性投资组合确实是廉价、简单的代表，并且它包含的三种产品类型不需要具有投资优势：最低风险产品、全球股票与可选的更加冒险的其他政府债券与企业债券。

避免投资需要具有投资优势的产品或者
你已具有风险敞口的产品

即使许多人对我的投资组合有怀疑，我也不会太惊讶。按常理来说，这种投资组合看起来过于简单，而且遗漏了几种金融媒体与主流文化推崇的投资产品。在过去几十年内，伦敦房地产价格翻了几番。因此，大多数投资者想当然地认为所有理性投资组合应当包括国内房地产行业。伦敦在 2008 年金融危机后安然无恙，所以房地产粉丝一直保持着他们的信仰。

本章讨论的资产类型毫无疑问地会使许多投资者在未来变得富有，但是这些人要不就是具有巨大投资优势的投资者，要不就是向别人收取交易费用的投资者或是幸运儿。如果你不想靠运气吃饭，不能向别人收取大额交易费用或是没有市场优势——不管怎样，存在很大的风险敞口，那么你应当远离这种投资项目。被剔除的资产类型仍然十分重要，因为你充分了解它们以及它们被剔除的理由。

下面这些投资项目中反复出现的问题使得它们不适用于理性投资组合：

● 你不具有投资优势或是特别的知识、洞察力以投资具有超额收益的项目，例如你不能从股市中挑选出独一无二的牛股。

- 整体投资项目的未来期望收益不会高于最低风险产品项目的收益。

- 你可能已经通过公司董事会的股权获得了足够大的风险敞口。你真的有必要进一步增持它们，哪怕是以更高的代价？

- 其他投资项目可能流动性较差——你真的因此获得了更高的补偿吗？

- 其他资产类型的风险敞口可能在费用方面较为昂贵。除非你在选择产品方面确实独具慧眼，否则你的投资收益都会因此荡然无存。

- 假设你执意要在理性投资组合中加入小部分的上市房地产投资，但是正因为投资规模小，所以你可能已经在投资组合中间接包含了这种风险。为了简化投资组合，房地产投资应当从投资组合中剔除。

所以本章要讨论的应排除在投资组合之外的产品是：

- 房地产
  - 住宅投资
  - 直接投资、私募房地产基金
  - 商业地产
  - 上市房地产股票
- 私募基金、风险投资与对冲基金
- 大宗商品

- 私募股权投资

- 收藏品

抵押支持、抵押相关、资产支持的证券产品，由金融机构发行的其他种类的准政府债券与其他债券工具也得排除在外。这是因为它们之中的一些产品属于房地产投资范围，其他的也只是最低风险投资的替代品，特别是其中某些投资产品属于准政府债券且不能享受税收补助。同时，这些证券给你带来的风险敞口都会间接地在投资组合的其他地方表现出来，但是它们不是那些容易进行投资的项目，所以从投资组合的简单化与易实施等方面进行考量，这些投资项目没有为理性投资组合带来足够的收益。金融机构的债务是一个巨大的市场（远远大于公司债务市场），但是对于理性投资者而言，这不是一个值得考虑的产品，因为它在很大程度上与整个金融机构的批发性融资的运作相关。最后对于大多数个人投资者来说，这些产品不是那么容易投资。

房地产——除非你有投资优势，否则不要染指房地产

许多阅读本书的投资者将会购置自己的房产。这或许将是他们一生中经手金额最大的交易，同时这套房产也将是他们购

置的金额最大的资产。我当然不会建议你卖出自己的房子以避免投资集中的风险，再把这些钱继续投入全球股市之中。但我强烈请求你不要在房地产投资上继续加码使得投资风险进一步扩大。

许多投资者对房地产着迷的一部分原因是地理优势。热衷于投资的人们不会停下发掘投资机会的脚步，而近在眼前的香饽饽自然不会放过。你可能会在豪华地段发现一栋较为老旧的建筑，并且奇怪为什么这栋建筑没有进行翻修，因此在心中认为自己是投资这栋建筑的最适合人选。或是从朋友那儿听来可靠的消息，一项高端项目正在审批，这将大大抬高周边建筑的价值。我就和大部分伦敦人一样，常常自我感觉良好，认为自己是一位精明的房地产专家，直到发现自己只不过是运气好，在市场上行时进行了投资。

我完全同意许多房地产投资者有内部关系或内部信息去指导投资。他们可能确实拥有投资优势，但是除非你也是他们当中的一员，否则你很大可能在房地产市场中不具备任何投资优势。就像是寻找活跃的理财经理，如果你确定能够找到一名具有优势的经理，那么这与声称自己具有能够找到能赚大钱的房地产投资基金的优势一样。

那么怎样确定自己是否在房地产市场中具有投资优势呢？在股市上往往不是那么容易知道自己具有优势。那些表现较差的投资者总能找到借口，而表现较好的投资者也不认为这是运气，他们也总能为自己的成功找到理由：他们发现了其他人熟视无睹的信息，他们确实知道些什么，他们听到了什么或只是比其他人多懂些。总之，就是存在一些原因。当你觉得自己具有优势时，请诚实地对待自己。如果你没有优势却虚张声势的话，那么付出的代价将会很沉重。

　　房地产投资者经常在同一地域进行投资，正如他们选择投资其他资产时一样，总而言之，这种投资组合产生了极大的风险。使得当地房地产价值降低的原因同时也有很大可能会使当地其他的资产减值，更不用说投资者私人的房产了。除非你从这类集中风险中可得到更高的期望收益，否则这种集中风险还是避免为宜。并且因为你是没有任何投资优势的理性投资者，所以你没办法预测当地的经济走势，就像你无法预测投资项目所涉及的房地产业的未来走向一样。一种避免承担集中风险的方法是投资全球房地产基金。虽然这种方法可以缓解集中风险带来的问题，但是你已经通过你已购买的房子与全球股市追踪型产品直接或间接地拥有了大量风险敞口（许多公司确实持有一大堆房地产，比如与建筑相关的商务公司、诸多要求发行抵押贷款的银行等）。除此之外，想要找到一只低成本的全球房地产投资基金还是不大容易，将诸多要求结合起来在我看来更是徒增麻烦。同时，各地住宅投资的期望收益也有可能不尽如人意。

房地产真的如此美好吗？

最为精确地估计房地产表现的指标应该是凯斯-希勒房价指数，它能够描述美国房地产的价格变化。罗伯特·希勒教授在他的著作《非理性繁荣》中提到了房价指数与其他有趣的概念。在我的印象里，没有哪一个指数能够涵盖几十年来所有国家房地产投资的种类。

通过使用凯斯-希勒指数作为1890年以来的房地产投资的代理变量，我们可以将同时期的短期美国国债收益与之相比较（见图9-1）。

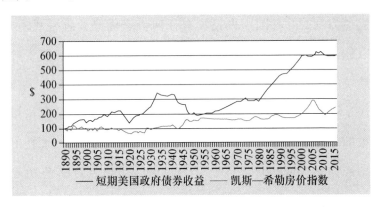

图9-1　通货膨胀调整后的凯斯-希勒房价指数 vs. 短期美国政府债券收益

需要注意的一点是，过去的一个世纪内，我们在投资美国国债方面的收益远比投资房地产可观。这种观点当然容易招致考虑不周的批评：没有包括租金（不付租金的所有权益）、维修保养费用、交易费用、保险费和税收；或者直接说不能一概而论。我同意很难将这种模糊的定量分析称为科学，但是这个指数确实对房地产投资是块肥肉的大前提提出了质疑。

尽管如此，我们仍然能够从图 9－2 中对次贷危机之前房地产投资的狂热了解一二。

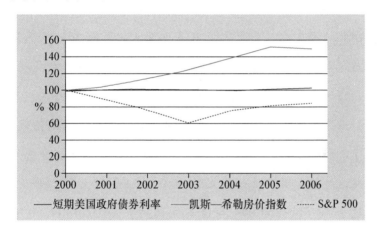

图 9－2　凯斯－希勒房价指数 vs. 短期美国政府债券
与标普指数（都经过通货膨胀调整）

因为房地产投资的收益远远超过债券与股票市场，所以许多投资者将此视为投资救世主降临的预兆并且盲目跟风，即便长期数据都没有表明房地产市场将会在不久之后有突出表现。在某种产品表现良好之时将其卖出是相当容易的一件事，房地产市场也确实如此，直到泡沫破裂之前都是这样。许多国家都有法律法规和激励政策促进房地产的购买，请将这一点谨记于心。正如我的一个好朋友评论的那样："你在哪里还能找着免税补贴的九成贷款？"这些政策当然有助于房价的爬升，但是应当也已经包括在房价之中了。

一栋住宅

我和我的一个朋友在几年之前曾经有过一番对话。当时他刚经历了失业，手上也没有多少储蓄，大约 20 000 英镑，但是这也足够维持他家同样水平的生活质量一年。顺便提一句，当时我朋友说幸好自己有一套房子。

五年前他和他媳妇倾其所有付了两成首付，在南伦敦买下了价值 200 000 英镑的梦想中的小屋。他们深爱这套房子，而且这笔投资确实是一项大成功。一位房地产经纪人告诉他们这套房子卖 250 000 英镑不成问题——税后净赚 50 000 英镑。

在我看来，他们是非常典型的伦敦夫妻的代表：家庭大部分财富与房产挂钩（见图 9-3）。

我的朋友不仅依赖伦敦房地产，而且同时还背负着巨额的负债。伦敦房地产市场跳水将会给他们的资产带来不可估量

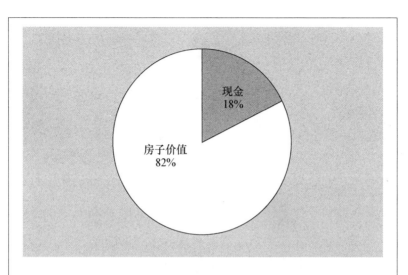

图9－3　净资产成分（房子价值82％，现金18％）

的损失，而置办房地产也不是明智之举。表9－1表明这对夫妻的净资产为110 000英镑（价值250 000英镑的房子减去160 000英镑的负债，再加上20 000英镑的其他收入）。假设他们房产价值随着市场波动，那么这110 000英镑净资产也会随着伦敦房价上下浮动。

表9－1　　　　　　　伦敦房价走低

房价降低百分比	现状	－10％	－20％	－30％	－40％
全部净资产	11 000	85 000	60 000	35 000	10 000
改变量		－23％	－45％	－68％	－91％

从根本上来说，我的朋友与伦敦房地产进行了一场豪赌。如果整体房地产，特别是他们的住宅价格下降20％，他们就会

发现自己的资产降低了 45%；若房价降低 40%，我的朋友基本上就要破产了。

我认为我已经讲得够明白了，但是他依然执迷不悟。他说，如果当初他们不购买房子而是把这 40 000 英镑放进银行，现在他们的储蓄将会是 60 000 英镑而非 110 000 英镑。不过，这种想法有什么意义呢？如果大部分人认为花大笔价钱购买你现在的住房确实比租房更加能够提升生活质量的话，那么他们早就和伦敦房地产对赌，也成为幸运儿中的一员了。但是他又认为我错了。他觉得他们更加了解当地房地产行情，他们购买的这栋住宅也正是市场想脱手的房子。不是运气好，他纯粹地认为他们只是精明的房地产投资者。对于这个观点，我无话可说。

我理解并且赞赏想要拥有自己的房子而不是租房的渴望，同时也理解人们非常愿意相信这笔大部分居民人生中最为庞大的投资是成功的。但是购置房地产意味着我们整体的资产组合必须妥协，并以杠杆的方式增加集中风险，所以我强烈建议所有房地产的拥有者看看自己的住宅价值占整个投资组合的比例。[1] 然后

---

[1]　希望你能注意贷款，你的房贷经常是你所能拿到的最为便宜的贷款，一部分是因为税收优惠，另一部分是因为贷款人愿意接受你的固定资产作为抵押并以适当的利率放贷。所以如果你需要借钱并且可以通过房地产实现，那么这的确是你的不二选择。

问问自己当地房地产价值下跌几十个百分点时会发生些什么。这会发生吗？与此同时，你的工作与储蓄会不会消失得无影无踪呢？房价下跌是不是表明几乎没有房子卖出？而鉴于较低的流动性，你甚至无法在危机时刻将自己的房子以较低的价格变现，这会不会带来更大的麻烦呢？

优秀的投资组合管理的关键一点在于不要把所有的鸡蛋放在同一个篮子里，也不要把自己置于背运时所有倒霉事一拥而上的境地。对于许多被金融危机伤害过的投资者，这正是他们之前所没有做到的。但是我确实能够理解过去几十年里，个人投资者为什么执着地想要自己的房子而不是大笔的钱。我的父母在同样的房子里生活了将近40年，他们的房子不是投资组合的一部分，甚至说不上是一项投资。这仅仅是一个家。如果这也是投资组合管理的瑕疵的话，那就随它去吧。

当房地产（广泛定义）被认为是世界上最为庞大的资产类型且不容忽视时，这里仍需要总结几点它被排除在理性投资组合之外的原因：

● 你已经投资了全球股市追踪型产品，承担了大量的风险敞口，而购置住宅只会是雪上加霜。

● 房地产数据极为模糊不清，现在仍然不清楚资产是否能够表现得那么好，或者是否能够达到预期的表现，特别是在加上相关的费用时。

● 想要投资理性投资者所寻求的便宜且全球多元化的指数追踪型产品并没有那么容易。

私人投资（天使投资）

在我个人的投资生涯中，我投资的项目类型与理性投资组合的差别就在于私人投资。我非常幸运地拥有一群热爱自己事业的同事与朋友。鉴于我在对冲基金与金融方面的背景，大部分同事都从事着与金融相关的职业，但也不尽然。一些朋友从事着科学或是相关的事业。当他们拓展相关业务或是开展新的业务时，我常常被邀请进行投资。

私人投资或许是我们会对理性投资组合稍微持有怀疑的领域。你被朋友邀请投资他准备着手的项目时，你可能会具有其他投资者不敢奢望的内部信息。你当然会知道这个项目的运营资本和来龙去脉。你可能在他向你推销之前就已经对他的投资计划有所了解，这对你把握整个投资的思路大有裨益。或许，你只是一小部分被邀请进行风险投资的人。总而言之，这项投资没有市场竞争可言，但是如果确实存在市场的话，那么你将是这个市场中最具有优势的投资者。活跃且有效的证券市场可以实现我们所不能预测的价格均衡，在市场失灵甚至是缺失的情况下，投资者反而更加有利可图。

> 最近我被邀请投资纽约一家提供人脸识别技术的私人公司。他们非常时髦地展示了公司给社交网络带来的变革，以及随之而来的一切。管理层看来相当值得信赖，而且也对技术发展与市场趋势熟稔于心。我放弃这项投资的主要原因是在这个项目中我是第 1 000 位被邀请的投资人。我毫不怀疑之前的 999 名投资者中大部分具有鉴别这个项目可行性的能力。这可能是因为他们了解相关技术或者是市场竞争。或者他们甚至可以写代码并且看这个项目的源代码，而我显然做不到这一点。他们为什么要求一个伦敦的非科技专业人士对这个纽约的科技专业项目进行投资呢？没有任何一位本地人能够担起这项重任吗？长话短说，看见其他被邀请参观这个项目却拒绝投资的人后，我感觉到了竞争劣势，结果就是我和他们做了相同的事。这毫无优势可言。

遗憾的是，没有大量优质或是可信的与私人投资相关的信息（不是像风险投资一样制度化的方法）。众所周知，进行私人投资的人不愿意和其他人分享信息。这可能是因为获得高收益的投资者不愿意分享他们关于私人投资组合的信息，不过与税务相关的麻烦可能也是原因之一。

信息流动阻滞显然是有原因的。根据最近的一项关于天使投资的调查①，投资者的年收益高达 27.3%，相当不同凡响。但是我要说，这里存在严重的幸存者偏差（只有好消息被报道出来，或是人们只在好消息放出之后才关注此事），如果你盲目地进行所有的天使投资，那么收益指标将会显著地下降，最后可能会变得不如人意。这项调查同时表明 5%～10% 的投资占据了大部分利润，剩下的投资大多亏损了。

我们都希望能够成为下一个谷歌或是脸书的第一位投资者，但是现实不会这么美好。对于大多数投资者，这笔投资和中大乐透彩票的概率相差无几，许多人甚至乐于讲述他们与中奖失之交臂的故事。但是一些人确实通过购买大乐透彩票变成了百万富翁。我是关于脸书的电影《社交网络》中凤凰俱乐部的原型哈佛俱乐部的主席，并且认识了几位与该俱乐部创始人关系密切的朋友。当然，对于过去的后悔也不可避免地开始了。

P2P 或者类似 Lending Club、Seeders 等众筹平台的出现给投资者提供了一条崭新的途径获取公司和一系列项目的借款融资。虽然这还处于萌芽阶段，但这种融资形式的发展速度令人瞠目结舌。据我所知，至少在债务平台上的业绩表现相当不错，同时能够向你提供多元化的私人投资组合——股权融资方面的

①　参见大卫·兰伯特所著《天使投资市场的历史收益》（*Historical Returns in Angel Markets*）一书。可以从以下网站获取：www.growthink.com/Historical Return of Angel Investing Asset Class.pdf。

数据比较不稳健。如果你通过 P2P 或者众筹投资，那么请确保你充分考虑过自己的优势（你要成为投资者的理由），因为你无可避免地会在投资组合中集中风险。许多债券融资的公司最终都倒闭了，未来一些平台也有失败的风险，因此需确保你的投资能够承受上述事件发生的风险。所以说，P2P 与融资只是整个投资市场中份额相对较少的资本投资方法，即使你没有抓住机会也不要太沮丧。

总的来说，如果你在考虑潜在的私人投资，则以下是你需要思考的几点：

● **优势**。你是否能够获取并分析相关信息，成为不可或缺的投资人？一项私人投资类似于购买一注大乐透彩票。如果你的获奖概率与常人相差不远，那么这是一个坏主意。不过，你要是能够提高获奖概率的话，那就相当有趣了。但是那些毫无优势的投资者盲目参与各种私人邀约，看起来也只不过是一长排的顾客轮流等着拿钱然后走人罢了。

● **投资组合**。你的投资组合与其他资产相关性如何？当你的其他资产缩水时，投资组合会不会也是如此呢？这和你的工作或是生活环境有关吗？如果你确实拥有这类资产组合，那么这是否代表着它们之间的相关性很强呢？

● **你的投入**。大多数私人投资不仅花费高昂，而且需要投入大量时间。你是否因花费的时间与提供的专业知识得到过补偿呢？当然，你可能不会考虑这些，只会认为这些投入很有趣，况且在将来也会带来机遇。

- **流动性**。私人投资通常缺乏流动性，也不大容易转手。至少对于短期财务计划，你应当把私人投资当作死期存款。

- **高失败率**。天使投资或是风险投资只有 5%～10% 的成功率。当成功的回报看起来无比诱人时，你应当做好所有投资打水漂的准备。想想如此严苛的风险/收益状况会对你的投资组合与投资生涯产生什么影响。

当你能克服上述私人投资的潜在问题时，这里是这种投资的潜在优势：

- 对于私人投资通常有免税优惠，特别是在科技开发、清洁等领域。请灵活运用！

- 你可以在私人投资中广泛使用自己的专业知识与技巧。

- 根据投资种类的不同，广泛指数的投资者通常不会获得超额回报（超过市场 100 倍）。在这样一本反对暴富的投资书籍中，对于那些天选之人或是操盘手来说，私人投资才是他们的不二选择。

- 如果私人投资不依靠整体经济环境等条件的话，那么这倒是使你的投资多元化的选择，毕竟其他投资都是相关的。

- 如果你想进行私人投资，那么即使你是一位理性且谨慎的投资者，这也是需要长时间的学习与不懈的努力。这是一项很棒的磨炼。祝你好运！

其他的投资类型

正如之前所述，理性投资组合仍然排除了其他一些投资类型。对于每一种投资类型，在附录中都有完整描述，下表是对它们的简短概括。

资产类型	理性投资组合拒绝的理由
商业不动产	● 在我看来，只有一些个例会把它加入资产组合中，主要是看重其高收益状况和与其他资产的低相关性（虽然这一点在熊市里存在争议）； ● 现有的房地产指数与全球股市价值相比非常低（<1%）； ● 要获得全球资产的风险敞口非常困难。风险敞口集中于特定地域，加剧了无法多元化的风险； ● 你已经通过全球股市组合中的大部分公司获得了大量房地产的风险敞口，但主要是通过广泛指数中的金融股票； ● 能够投资单独的房地产基金或是项目意味着你拥有通常理性投资者不具有的投资优势
私募股权、风险投资、对冲基金	● 你已经以较低的成本通过股票投资获得了大量的风险敞口； ● 选择正确的基金需要我们不具备的投资优势； ● 我们尚不清楚这类投资在扣除费用后是否会继续增值，尤其考虑到许多基金里你在间接地为市场风险敞口买单，其实这都可以通过购买更为便宜的指数追踪型产品解决；

续表

资产类型	理性投资组合拒绝的理由
商品	● 在任意一种简易产品投资中非常难获得整个商品的风险敞口； ● 你已经通过你的股票投资组合获得了不少商品方面的风险敞口； ● 不确定商品期望收益是否足够吸引人（一些情况下存在持有成本，一些情况下是佣金、保险费），从历史上看收益没有这么丰厚； ● 黄金，作为一种特殊的投资产品，可能不像大众所想象的那样与市场运行具有相反的关系。此外，还有关于持有方法与流动性的问题
收藏品	● 期望收益不总是正数，尤其是在考虑了存储与保险费用之后； ● 非常难以获得广泛存在而不是集中的风险敞口； ● 富有感情的表演效果可能会非常有用，但是这都因人而异； ● 一些收藏品在过去的混乱时期有着巨大的价值，比如战争时期（详见第十四章）
比特币与其他新兴投资产品	顽固的爱好者可能会一直反对，但是我认为比特币和其他虚拟品不能算是一种投资类型，而是一种剧烈变动的现金流或是新兴的交易方式。旁观加密货币的发展可能是一个非常有趣的过程，但是它们仍然只代表整个投资组合的一小部分，所以至少现在不用太关心它们

第三篇　量身定制并实施理性投资组合

第十章/*Chapter Ten*

财务计划和风险

任何称职的理财规划师都会告诉你，在退休后必须支出的金额主要取决于你开始的金额、你对储蓄的贡献、资产的回报率以及你支付的税金。

但是让我们更具体一点。例如，假设我们想知道我们每年必须存多少钱才能在退休后舒适地生活。我将稍后介绍养老金计划和与保险相关的如年金等储蓄产品的机会和问题，但现在假设你正在储蓄并且能够忽视税收。

建立储蓄

假设你现在30岁，在付完助学贷款后还有10 000英镑的存款。让我们假设你希望工作到 67 岁，并且计划能够为退休每年存 12 000 英镑现值的存款。为了退休后舒适地生活，你认为会在你的其他养老金之外需要 20 000 英镑现值的存款（通货膨胀会使这个数额在未来变高，但是会与现在的 20 000 英镑的购买力相同）而且你会活到 90 岁。

你已经决定未来的方式是把储蓄的一半投资到最小风险资产，而另一半则投资世界股票市场。为了确保最小风险资产和股票之间的比例不会太失衡，你计划每年都调整投资组合以保证与最开始一样五五开。计划的后半部分是在你 67 岁之后开始需要用钱时把所有的资产都变成最小风险资产。

扣除必要的费用后，在最小风险资产上你有 0.5% 的收益率，而在股票上有 5%（0.5%＋4.5% 的股票风险溢价）的收益率。股权收益相比标准统计数据所表明的会更为频繁地出现极端结果，我们称之为厚尾现象。该股权收益的年度标准差可能在 20% 的范围内，但考虑到厚尾现象，我们假定其标准差为 25%（一个巨大的变化）。

要了解退休后有足够资金的可能性，可以运用以下相对简单的 Excel 模型。输入数据如下：

	最小风险资产	股票
期望的净收益	0.50%	5.00%
标准差	0.00%	25.00%

重新分配的费用（交易）	0.25％	0.25％
每年费用	0.15％	0.30％
税	假设没有	

流入/流出	每年数量	年数	总计
起始金额			10 000
贡献	12 000	38	456 000
取款	−20 000	23	−460 000

如果你期望活到 90 岁并且希望在 67 岁之后每年都可以提取 20 000 英镑现值的钞票，那么你在 23 年里将总共提取 460 000 英镑的退休支出。假设你投资的最小风险资产每年盈利 0.5％，那么当你 67 岁退休时你仅仅需要大约 434 000 英镑的资产。这当然排除了你可能活到超过 90 岁所需要缓冲的额外的钱（不同于年金，这个缓冲在你死后并没有消失——它被留给了你的后代）。

那么你会有足够的资产吗？这取决于资本市场的波动性。这个结果引人注目并突出了一些重点。

我建立这个模型之后用随机公式算出来的资本回报率运行了 1 000 次。基本上我让电脑用平均 5％的回报来做这个游戏，但是这个回报率应该有 25％的标准差。（第六章关于风险的讨论说明了这在过去大致代表了风险的大小，并且解释了它的意义。）大约 68％的案例中资本的回报率在−20％到 30％之间（与平均值相差一个标准差；平均有 5％的回报率，然后根据对平均值的偏离程度加上或减去 25％）。

模型的 1 000 次重复揭示了变化的结果。如果资本市场从现在到你退休这段时间里表现良好，那么你将会有比你计划的开支多得多的钱。然而，如果资本市场在这段时间里表现差劲，那么存款将远远不足以覆盖未来的花费，而你可能会有大麻烦。重复实验的结果如下表所示：

	90 岁	80 岁	67 岁
中位数	227 463	416 439	653 083
平均值	342 081	527 031	758 940
最小值	−281 350	−74 994	182 876
最大值	3 569 477	3 643 613	3 741 168

上面的数字代表了之前的输入所产生的 1 000 次重复的结果。输出结果变化如此之大的原因是，资本收益受以每年 25% 的标准差衡量的风险的影响（该标准差比历史平均值更高，不过是因为大的负收益的发生频率比标准差显示的更大）。

我想说的是，股权收益的不确定性会导致长期结果出现非常大的波动，而作为投资者，你需要了解这一点并对其进行财务规划。因为资本市场从现在到你退休时的表现有好有坏，你可能只有你所需要的钱的一半，或者是其十倍。这些都是相当大的波动，几十年来在股市中承担了风险。我显然不是说你应该严格地遵循上述策略，不过，一旦你在投资组合中带入了风险，长期财务规划的结果就会有相当大的波动范围。

期望的结果

如果我们和一般人一样幸运，则我们可以期望有中位数的金额，而不是平均数。这与平均收益率和复合收益率有关。假设两年期间有两个人有以下回报的投资：

	第1年	第2年	平均
A	5.00%	5.00%	5.00%
B	−20.00%	30.00%	5.00%

他们可能有相同的平均回报。但是当你在两年后比较回报时，有着较小波动的人的累积回报更高：

	第0年	第1年	第2年
A	100.00	105.00	110.25
B	100.00	80.00	104.00

简单地说，这种情况与我们的例子相同。因为每年的回报变化非常大，所以如果我们能够确保每年的平均回报率，那么退休后的总回报率会随着回报的波动而降低。[①] 虽然超出了本书的范围，但这种认识表明，作为一个投资者，随着

---

① 在 YouTube 上你可以找到一个简单的说明性的视频，标题是 Geometric vs. Arithmetic Average Returns。

时间的推移，你的平均收益的复合情况会更糟。你不能获得平均回报——你只能吃复合回报。[①]

回到我们重复了 1 000 次的模型，如果我们确实在中间的话，我们就应该期望中位数而不是平均值。如果有 1 000 个结果，那么我们应该期望第 500 个，或者中间的结果。

图 10-1 展示了在 67 岁时投资账户里钱的数额，以及在不同区间里的比例。

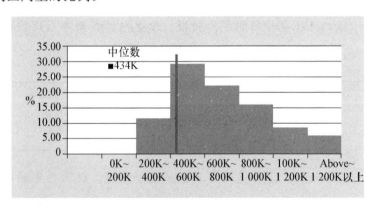

图 10-1　67 岁时的投资账户金额以及落入各个范围的百分比

在图中有两件事可能很明显：

- 大多数情况下回报都在中位数附近，不过有部分情况会

---

① 有相当多的书籍和文章都似乎忽略了这个问题。一个典型的例子是投资 1 000 美元，每年有 5% 的回报，30 年后你会赚 4 320 美元，忽略高波动的年回报率可能极大地降低最后的价值。

使得我们成为百万富翁。

- 大量的结果显示如果我们不够幸运，则最终的储蓄可能无法满足我们退休所需。

在我看来，第二点是至关重要的，它涉及投资管理的核心以及我们愿意在财务生活中承担的风险。

如上所述，我们必须在 67 岁时积累大约 434 000 英镑才能在退休后每年提取 20 000 英镑，直到 90 岁。我们已经找到平均来看我们可以获得远超所需的资产。但是，我们也知道在相当多的情况下储蓄不足以满足需求：

超过 434 000 英镑的案例：81.2%

低于 434 000 英镑的案例：18.8%

因此在将近 19% 的案例中，你将不会获得足够的钱来过退休生活。

对大多数人来说，一个大约 20% 的不能达成目标的可能性会引起极大的重视，特别是你可能需要一些额外的准备以防活过 90 岁。但是你能对此怎么办呢？

作为一个理性投资者，你能做的最糟糕的事就是放弃你的原则，而去追逐不同的投资经理或投资机会所承诺的更高的回报。虽然你可能会是幸运的，但平均来说这只会让情况变得更糟。

事实上我们还有一些选择：

- 我们每年投入更多。

- 起始投资可以更高。

- 退休后我们每年提取更少的钱。

- 我们可以改变投资组合，在最小风险资产和股票之间变动以降低风险，但代价是 67 岁时期望获得的资产会变少。

超级谨慎的储蓄者

如果你不想承担退休时你的储蓄不足的风险，那么你可以只投资最小风险资产，在你 67 岁时你的储蓄是 497 000 英镑，超过了所需的 434 000 英镑。通过分配部分投资到股票上你能期望获得的储蓄会上升，虽然额外的钱肯定非常好，但是伴随而来的是储蓄不足的风险的提升。你分配到股票上的投资比例越高，你的储蓄的中位数就越高，但是储蓄不足的风险也会越高。将所有投资都分配在最小风险资产上的安全是以比起投资部分资产在股票上在 67 岁时所期望获得的资产更低为代价的——但是这是你做出的选择。[①]

如果我们重复这个过程并发现如果只投资最小风险资产则退休储蓄将会不够，那么我们将会面临艰难的选择。应对这种

---

① 如果你想要最小风险，则你应该购买通胀调整后的政府债券，其成熟期应当与你开始需要用钱时相同。在这种情况下，可能涉及一些长期债券，它们通常有一个比在这个例子中所用到的 0.5% 更高的回报。

不足的方式取决于你个人对风险的态度：

● 你可以在投资组合中每年投入更多，或者设法使初始数额更大。

● 如果你非常厌恶风险，则你可能不想在你的退休基金中接受任何风险，而仅仅是接受一个更低的年度退休金。

● 如果你提高投资股票的比例，则从股票获得的额外的期望回报将提高你拥有足够退休金的机会。但是当你提高达到目标储蓄额的可能以拥有更多的退休金时，你也同样在以潜在的、在未来股票市场表现差时会有更大的亏空为代价。

风险/回报

我们可以通过上述例子来了解我们在退休时有足够资金的担保的价格。

在一半最小风险资产一半股票的情况下我们可以获得大约 653 000 英镑的资产，而在全部是最小风险资产的情况下只能获得 497 000 英镑。这在退休后的开销上产生了超过 150 000 英镑的差额。那么这一额外数额的成本是什么呢？就是接受大约 18％的没有足够的钱来支持退休后每年提取 20 000 英镑的风险。

这些额外的预期资产是否影响退休金下降的风险往往取决

于个人情况。资产不足对你退休后的生活会有什么样的影响？会是灾难性的还是只是轻微的烦恼？这很难说。同样，有特别大的超额资金对你的生活会有什么影响呢？它会让你更快乐吗？这意味着你能为你的孩子提供比你自己更好的生活吗？或许你可以给他们留下一些你之前无法负担的储备金。

下表是重复投资不同最小风险资产比例的结果：

最小风险资产比例	100%	90%	80%	70%	60%	50%
短缺案例占比	0.0%	0.5%	6.5%	9.1%	14.5%	18.8%
67 岁时资产中位数	497 000	536 000	576 000	604 000	633 000	653 000
第五百分位数	497 000	468 000	420 000	392 000	352 000	317 000

表格的最后一行代表了 5% 最坏的结果的资产数额。毫无意外，随着股票比例的提高，数额在降低。随着股票而来的是更高的期望回报和更高的风险，而 5% 的糟糕案例也因此而随着股票比例的提高变得越来越差了。

被下跌抓住的不幸的灵魂

2007 年我的一个朋友有 500 000 美元的流动储蓄。为了在退休后能过上舒适的生活并且支付她的孩子剩下几年的教育开支，她需要 425 000 美元。她离退休只有几年了，因而其工作并不能让她的存款增加多少。由于受股票市场具有吸引力的风险/回报方式的诱惑,她将一半的资金投于国外股票指数基金,另一半投资于政府债券。鉴于当时市场的预期风险较低,这似乎是一种明智而可靠的投资分配方法——同时,因为她只需要 425 000 美元,所以她可以充分地利用多余的钱。

现在是 2009 年 3 月,我的朋友非常恐慌。她的存款变成了 375 000 美元并且失去了大约一半的股票,而债券的收益非常低。但是她不仅已经损失了资产的 25%,而且她的顾问还告诉她现在股票的风险非常高,她很可能损失更多。

她是应该接受损失并下调她的生活质量,还是坚持到底并认为这不过是前进道路上的一个较大的障碍?又或者双倍下注并从政府债券转移一些资产到股票上,以此来挽回损失?

很多人在恐慌的高峰期发现自己处于这种情况的某个版本中。

概括这些例子

前文所述和其他的财务模型一样,都是输入什么就输出什么的例证。模型的好坏取决于你做的假设的好坏。上面的模型是基于一些完美的风险和回报假设，而且只考虑了最小风险资产和股票。你可能不同意这些假设，你可能对你的预期回报或风险更激进。你可能希望假设你的最小风险资产的实际回报率与当前市场一致，或者为最小风险资产的回报引入一些风险。[1]你也可以不采用各 50% 的最小风险资产和股票的分配组合，这取决于你的风险承受能力。

不同于继续调整可能与你的财务规划需求不完全相关的财务规划模型，我建议你自己进行此类财务分析，或者让某人帮助你。你可以用 Excel，Google Drive 或者其他可用的财务风险软件包来做财务模型分析。在任何情况下，请确保你花了足够的时间来确定所有内容是如何组合在一起的，并确认该模型符合你的特定需求。

你可能想要了解在相同的风险和回报假设下投资股票 100 000 美元在 10 年后有多少收益（见图 10 - 2）。又或者你想弄清楚你为孩子留出足够的教育经费的可能性。你可能是一家保险公司或者养老基金，想要算出有足够现金偿还未来负债的可能性。这个清单没有止境。

在任何情况下，建立一个财务模型并考虑所有可能的结果很可能激发你对各种结果将产生的影响的思考。选择模型并修

---

① 随着最小风险资产的风险的提高，引入股权投资相关性的重要性也在增加。这是我遗漏了的一个复杂因素。

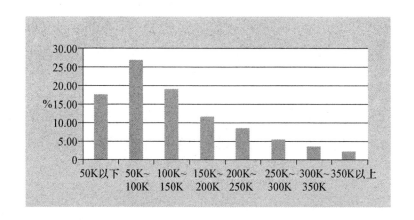

图 10-2 10 年之后投资到股市里的 100 000 美元

改它以大致适合你的情况。然后开始输入、假设和分配：

· 你是否太保守了或是冒了太大的风险？

· 你能否在未来几十年中承受不良的股市——如果风险更大呢？

· 你的境况有多大可能会改变？这会怎样影响你的风险态度？

· 你的财务目标与你适宜的风险之间有没有可能不匹配？

· 最低的 5% 的结果是什么？最低的 2% 呢？你能承受吗？你愿意承担有 1/20 的可能储蓄不足的情况吗？1/50 呢？从不？

· 你是否有一个最低的资产下降水平标准？它怎样决定你的分配？

● 尽管听起来很矫情，但试着去想象一下各种情况下会发生什么。你的直觉告诉你什么？它会怎样影响你夜间的睡眠？你的职业生涯？你的婚姻？

● 如果我们经历了数十年的低迷的股票市场，那可能是因为糟糕的经济状况（全球股票风险敞口将地方股票风险多元化了，而且可以在国内经济下行时表现良好——一个不将国内股票市场作为你的风险敞口的理由）。贵公司的养老金、政府保障年金、最小风险资产等是否会在这种情况下保持价值？

投资时间通过这种模型或者其他方式来了解你的投资组合或财务目标的风险是非常值得的。即使最后的结果是你不会改变你的想法或投资组合，增加这些了解可以减少应对不良事件的情绪化行为，使你对未来会发生的事以及可能的影响有一个了解。

使用上述模型必须牢记以下几点重要说明：

● 这个模型是非常简单地基于一些很基础的假设建立的，但是要注意那些高回报低相关性的产品。这会让人得到更好的风险/回报结果，但是作为理性投资者，我们不认为可以办到。

● 这个模型不包含的债券可能是作为对简单理性投资组合的补充的企业债券和政府债券。这是一个简化。引入这两种产品将会涉及它们与股票之间的相关性，这就可以是一门学科了（是一个不断变化的数字）。另外，加入政府债券和企业债券对

投资组合并没有奇效。如果你有兴趣，那么可以阅读附录中的
一个简单说明。

● 这个模型对输入值非常敏感，特别是风险，而且没有用
之前讨论的标准差来衡量风险（见第六章）。改变输入值对输出
值的变化范围影响特别大。如果你确定要改变输入值，那么请
确定知道原因——不要因为想要更好的结果而做一些更漂亮的
假设。股票的预期的真实回报不会因为你将其放在电子表格里
而变成10％。

● 记住所有的回报都是真实回报。因此这个模型使用的是
现值。很明显，因为通货膨胀，几十年后的实际数额看起来会
很不一样。

保持真实

如果我们已经建立了一个反映我们情况的财务模型，并通
过购买实施了我们的投资计划，那么我们做得非常好了。不幸
的是，这并不是结束。

我们必须一直留意投资组合和财务模型并做出改变以适应
变化的环境，即使没有别的，也有时间的流逝。假设一个场景，
市场一年上涨了50％。当我们审视我们的财务规划时，如果我
们在前瞻性规划中没有以某种方式考虑我们新的和改善了的财

务状况，那将是我们的疏忽。可能凭借我们较雄厚的资产基础，我们能够以更低的风险实现长期财务目标。

当我们在整体财务状况健康的背景下定期查看我们的投资组合时，我们的个人情况可能也会发生变化，进而影响我们的财务计划：升职、被开除、获得遗产、离婚、没有保险的车被偷、税收情况改变，等等。这些都会有影响。多久做一次回顾是个人的决定，但至少你应该每年在金融市场或你的个人生活有重大变动时做一次，因为你应该定期重新平衡投资组合，而这就是审查其构成的好时机。

对灾难做出反应

在 2008—2009 年的金融危机中，许多投资者惊骇地离开是可以理解的。很多人损失的钱远超预期，而且房屋等资产的价值也暴跌了。很多投资者的第一反应是在市场的底部卖出他们的股票等风险敞口，而这恰好错过了随后的大好机会。"一些熟悉的散户投资者放弃他们的计划的故事，"一些财务规划师感叹道。

我不认为事情如此简单。在 2008 年这样的大崩溃中每个人都会看到市场的一些自然趋势。市场将会占领头条并且成为工作、健身、外出聚餐时，在家里以及任何其他地方交流的话题。

你怎么会没有观点？

　　而问题是我们仍然没有观点。虽然许多事后诸葛亮说他们看到了反弹，但存在巨大的市场动荡并不意味着投资者能够更好地预测市场走势。我们并不认为自己比市场更聪明。市场将标普 500 指数在 2009 年 3 月降到了 700 以下。尽管 8 年之后我们看到了相同的指数回到了它一直以来的高点，但这并不意味着我们可以在 2009 年 3 月预测到它的发生。

　　当回顾 2008—2009 年的危机或者之前的其他危机时，许多人都会认为有一个谷底，而一旦找到谷底，投资者就会获得巨额利润，而且显然经常出现这种情况。如果你坚持到底或者在 2009 年 3 月（或者 1932 年 7 月）这个点投入更多，那么你会赚到一大笔钱。然而你当时所知道的只是 2009 年 3 月是市场暴跌的开端，而你怕得要死。没有任何人可以保证市场在下跌后会反弹。只需问问 1917 年购买俄罗斯股票的投资者……

　　但是这并不意味着你没有办法。首先，市场暴跌之后，在整体动荡中，市场的未来风险上升了很多。尽管这并没有指出市场的方向，但你至少可以为上升做好准备。因这些原因承担额外风险的人可能获得与之相称的更高的预期回报，但是他们必须接受损失大笔钱的可能。

　　大家都知道 2008—2009 年的损失会周期性地发生。在任何情况下都没有简单的定则，我们有一些不太好的选择：

- 我们可以找到方法将更多的钱存起来。

- 我们可以接受退休后更少的钱，或者相同的钱而更短的退休期。

- 如果大的下跌影响了我们愿意承担的投资组合的风险，那么我们可以重新分配最小风险资产和股票的比例。

尽管听起来像烦人的马后炮，但投资分配能够确保你不会发现自己处于恐慌出售的境地。请准备足够的缓冲资金，以使你不会在市场谷底时售出股票。从长远来看，股票市场的回报比政府债券高得多，但是它们同时会有更大的波动，并且周期性地使你损失一大笔钱。请确保你的投资分配已经考虑了这种情况。

流动性和理性投资组合

或许理性投资组合最大的优点就是良好的流动性。从长远来看，理性投资组合的表现将优于大多数积极管理的投资组合，同时具有税收效率，并且与我们的个人风险状况相吻合。从流动性来看，也有巨大的益处。

流动性是你在经济低速时经常会听到的概念，因为经济形势不容乐观并且流动性总是不够。在市场上，理性投资组合也会被流动性影响；流动性下降通常是市场下跌的代名词。而有部分高风险的股票敞口的理性组合也会在市场下跌中亏损，这与大多数有风险资产的投资组合一样。但是与它们相比，全球股票投资组合是你能找得到的流动性最好的投资。记得提醒自己指数追踪的都是世界上最大的经济体里的最大的公司。因此投资组合包含的公司有苹果、埃克森美孚、沃达丰、中石油、通用电气、雀巢、谷歌、IBM、荷兰皇家壳牌集团、巴西国家石油公司等。虽然你在最广泛的股票指数中会间接接触较小的公司，但这些股票在投资组合中的比例远远低于专注于小型或中等规模公司的投资组合。类似地，最高评级的政府债券市场是典型的高流动性市场，因此除非你投资的钱比比尔·盖茨更多，否则你不会在投资组合里的最小风险资产上体会到流动性的缺失。

投资组合中流动性的重要性取决于你的个人情况。一位朋友向我建议说，在考虑新投资时，流动性是他的首要要求，而一些捐赠基金和基金会已经预测出了数十年后的资本需求，并且更注重能够在几天或几小时内通过出售将其投资变现。就对流动性的需求而言，大多数投资者可能介于两个极端之间。一些投资原本具有长期性，也许应持有至退休，但同时也存在将其变现从而获得流动资金来满足意外需求的冲动。附录对流动性风险以及其如何在最坏的时期露出端倪进行了更详细的讨论（还讨论了如何确保你因承担流动性风险而获得报酬）。

考虑投资组合分配的几种方法

下面是一些建议：

● **保留死亡配额**。如果你需要 100 英镑做心脏手术，那么不要将你的最后 105 英镑用来买股票。在最小风险资产上投入足够多的资金，以确保你在短期内肯定有足敷所需的资金，然后才开始增加股票。

● **选择一个回报点看你是否能够承担风险**。在最小风险资产上你可以期望一个 0.5％ 的回报率，而在广义的股票指数上有额外的 4％～5％ 的回报率，两者都是考虑通货膨胀后的。你可以选择一个你追求的回报点，然后算出所要承担的风险（见图 10 - 3）。

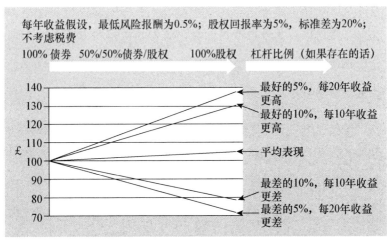

图 10 - 3　年末你可以期待的从年初（1 月 1 日）
100 英镑的投资中获得的回报

注意：如果你借钱以获得比股票更高的回报，那么请记住，这些贷款往往会在最糟糕的时候被召回并锁定你的损失。

- **选择一个风险点思考一下你可以预期的回报**。能够承担多少风险与你的个人性格和境况相关。你可以算出最糟糕的1％、2％、5％、10％等情况下的不同投资组合的结构，然后选择你愿意承担的风险的大小，将之放在你无法达到财务目标的情况下进行考虑并以其结果为指导做好分配。

- **考虑财务目标的灵活性**。在你考虑投资组合分配时应当记住你想要达到的组合价值的目标。你的目标仅仅是不会出现财务崩溃或在可能的失败的情形下支付企业的债务？或者你的目标是获得比"好的"生活方式更多的资产？这些考虑都会影响你在投资组合中愿意承担的风险。

- **拒绝诱惑**。在投资组合中加入灵活性以防止市场不合预期的波动。重新分配耗费巨大，散户投资者倾向于在最坏的时候售出持有的股票。通常而言，要避免频繁地买入卖出——花费高且会极大地降低长期回报。

- **利用市场经验**。想象一下你在市场突然下跌时的反应。如果你因为担心未来而无法入眠或者在下跌后就卖出，那么你在股票上分配的比例可能太高了。相反，如果你认为"那没事"并且想要增加股票，那么你可能在分配时过于厌恶风险。可能直到那一刻来临时你才知道自己的感受，而且很难预测市场的下跌对你的生活的其他方面的影响。

● **非金融资产和负债的影响。**当你考虑你的投资组合的风险时，要考虑到受相同因素影响的其他资产和负债的情况。确保不会有太多坏事同时发生，无论是价值方面，还是流动性方面。当世界股票市场经历灾难时，你的房屋的价值、工作（一名股票经纪人比一名公务员受到的影响更大，等等），以及其他资产的价值可能会同时下跌。这些东西不像理性投资组合那样具有流动性。要最大限度地减少同时出现价值下降的非流动资产，但务必避免在不好的市场行情中出售你唯一的流动资产。与此同时，你的负债通常相对固定（如住房贷款、生活开支、学习费用等）。

将你的投资组合目标和风险承受能力放在简单的"投资组合使命声明"里是一个好想法。除非你偏好如此，否则声明中不一定要有翔实的图片，它只是为了能偶尔看一下，特别是当你的环境发生变化时。它能够帮助你思考是将钱存起来还是在股票和债券之间做分配，以及不同债券的成熟期的关系。它同样可以帮助你将你应对发生在你的投资组合上的事情的想法和行为变成文字。如果不出意外，那么这会迫使你思考如何对各种场景做出反应，并可能因某些事情未能与你的预期保持一致而重组你的投资组合。

生命的阶段

你的年龄将会成为影响你分配你的投资组合的重大因素。

早期储户

通常的情况是，年轻的投资者分配更多的份额在风险更高的资产上。他们处于储蓄的早期阶段，即使是风险较小的资产的预期的小的优异表现带来的累积收益也可能在未来几十年内增加很多。此外，如果早期市场不好，那么储蓄者可能需要几十年才会需要资金，而且它们有更多时间来投资以弥补短缺，他们还可以改变他们的生活方式或储蓄率。我的建议是：承担你的储蓄的风险并在股票市场上投入大量资金，做好损失很多资金的准备，同时在银行保留足够的资金，以便能够承受危机。这是向市场学习以及应对风险的好时机。你也应该熟悉可能与养老金以及其他储蓄相关的税收优惠（例如英国的 ISAs）。养成储蓄的习惯并且保持下去会对你有好处，特别是当你看到通过储蓄获得的累积盈利时。

中年储户

当你进入 30 多岁到 40 多岁的阶段时，你就成了中年储户。

你可能在盈利能力方面处于领先地位，并且能够从职业生涯角度很好地理解事情会如何发展。对很多中年储户来说，在操作投资组合时税收将花费极大的精力，而且很多人会在最小风险资产上分配一个比十几年前更大的比例，这可能是长期债券。尽管这些储户积累了一些存款，但对他们来说，要想达到退休时的财务目标，增加股票的份额来增加回报仍然十分重要。尽管在未来市场表现可能不是很好，但仍然会有一些年份有机会通过投资来弥补损失，或者增加储蓄并减少现在的开支，工作更长的年限，减少退休开支。在这个储蓄周期的点上，你就会了解你的退休开支的详情，以及在退休之前还可以赚多少年的钱。

当你随着年龄的增长而将股票的投资调整到更低风险的资产时，我建议你增加储蓄或者减少其他的支出，这将会减少交易费用和潜在的税负。

退休者

最后是那些已经退休的人，特别是那些没有大额存款，并且在市场下行时没有方法弥补资金短缺，风险承担能力特别低的人。因为过于简化的风险，如果你没有更多的储蓄（只剩下有限的时间来享受），但可能会经历痛苦的暴跌，那么你就不要冒险，只买最小风险的债券就可以了。当然，此时制订遗产计划并将资产传递给下一代在重组你的投资组合中发挥着主要作用。同时，要盘点一下你的非投资收入，如公司养老金、社保等，并且将其与开销做对比。这两者的差异来自投资所得收入或者变现部分资产的所得。尽管很多经验并不广泛地适用，但是如果你坚持每年只花投资的 4％，你就不会有大问题（你可以随着年龄的增长而提高该比例）。

对那些退休的人来说，我建议你们为亲自处理储蓄做好准备，或者准备好传给下一代。保持简单，只持有少数几个账户和不太多的投资，而且对任何将要代你管理投资的人说清楚你的方式和原因。

对那些存款超过所需的人而言，投资组合的风险可能不同。这些退休者的投资不再是只为了自己的需要，还为了自己的后裔或者任何将继承资产的人。因为这些后裔的生命阶段要更长，所以相对于退休者来说，这些投资组合可以纳入一些股票和更高风险的资产。

这的确取决于你的情况

和关于投资的其他事项类似，投资分配主要由个人情况和风险承担能力决定。图 10 - 4 展示了一名投资者在生命的不同阶段可能的投资分配的变化情况，该图忽略了理性投资组合中包含高风险的政府债券和企业债券的复杂情况。

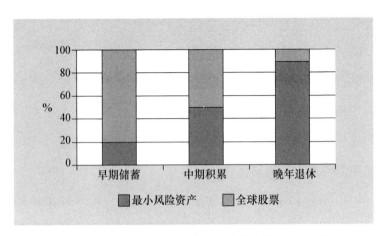

图 10 - 4　生命的不同阶段：随着年龄增长投资中股权比例下降

风险调查

如上所述，了解自己的风险承担能力不仅对投资管理至关重要，还是一件非常私人的事。在我看来，投资者们过于依赖自己的直觉来决定投资组合的风险等级，或者过分强调根据所谓的"最近的事"来规划未来。

风险调查在金融业变得越来越普遍，而且公司有时候会强制性地要求新客户参与。你会发现绝大多数银行、保险公司、资产管理公司或者地方管理机构都在这么做。就像其所说明的一样，它们可以总结你的风险承担能力，方式通常是压力测试。不过在我看来，风险调查还需要很多改进。

　　我做过的风险调查都过于简略而无法给出关于个人分析的详细结果，而这大多是因为它们没有足够多的关于个人情况的问题。有时候我发现这些调查的目的是向我推销特定的"量身定做"的产品，而不是客观地帮助我理解我的风险承受能力。另外，风险调查经常没有将我的其他资产和负债合理地考虑在内，包括看似奇怪的教育、遗产、孩子的未来学费，或者其他在我的工作和退休阶段的重要的事。这些调查因此没有给出我的金融生活的全景图，而且在我看来质量也不高。

　　尽管列出了一些警告，我仍然建议你参加一些风险调查，并关注那些新的改进的调查。特别是对于那些过去没有考虑过在金融市场上的风险态度的人，参与金融机构、国内监管机构或者网上的一些调查都特别有意义。谁知道呢，这可能会告诉你一些你从未考虑过的事，也可能使你更加相信你的直觉（见图 10 - 5）。

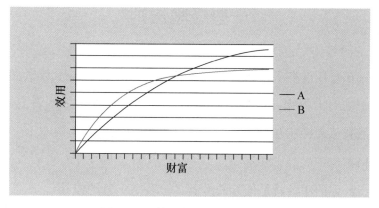

图 10 - 5　效用曲线：你是哪种人？

对风险状况的理解和综合定制将成为金融服务领域未来的增长点。尽管风险调查的结果取决于你输入的信息，但是它能够将生活中各个方面的信息都无缝连接在一起，给出一个关于你的风险承担能力的更加全面的评估，这对所有的散户投资者的帮助都是不可估量的。可能有一天，风险调查将根据你的令人难以置信的详细信息设计和展开，包括投资组合、年金、保险、信用卡账单、LinkedIn/Facebook 信息、度假的去处、是否倾向于最后一分钟订购飞机票、婚姻状态、怎样打高尔夫球，等等。尽管这听起来有点令人反感，但若被告知有些 IT 公司已经获知了其中的绝大部分信息，那么我也丝毫不感到意外。

一些经验法则

在写作这本书的过程中，我偶然发现了一些关于投资和储蓄主题的出版物，这些出版物的经验法则被推崇为福音真理。虽然我认为经验法则不能包含个人情况和态度，但这里有一些值得考虑：

- 你的年龄就是债券的份额（60 岁＝60％的债券）。
- 在退休后一年不要取出超过投资组合的 4％。

- 如果你对投资组合遭受损失的反应不佳，则减少 10% 的股票风险敞口。重复这个过程直到你感觉合适。

- 股票风险敞口＝距离退休的年限。因此，10 年后退休的话，你的股票风险敞口就是 10%。

- 股票风险敞口＝120－你的年龄。

- 为退休储蓄 10% 的收入。

- 你的房屋的价格应当低于你年收入的 3 倍。（令人惊讶的是这条规则被打破的频率和破坏程度。）

- 购买年收入 7～10 倍的人寿保险。

- 在银行里存放 6～8 个月生活所需的现金。

很明显，这些都是经验之谈。而且这些观点并不适用于每个人，或者是大多数人（对部分人来说甚至是矛盾的）。相反，在本章中我试图让你了解如何考虑你的个人风险，并让你清楚即使是明智的计划也会受到不可预测的市场的影响。

你需要一个财务顾问吗？

我对这本书很谨慎，听起来好像我们可以忽视整个金融业并自己做所有事情。毫无疑问，在我设想的完美世界里，付给金融业的全部费用只是今天的一小部分。有太多人只因为增加了一点点价值而获得了过高的报酬。但是这并不意味着我们完全不应该采纳财务建议。有些我们是需要的：税收建议、养老金建议、帮助寻找基于我们自身情况的适合理性投资组合的产品。除了极少数例外，我遇到的财务顾问都是诚实而勤劳工作的，将客户的利益放在心上的，在身边有这样的人的好处是能够理解的。除了上面提到的具体情况之外，当你不确定某些事情或者事情没有按计划发展时，有个人与你讨论是非常好的。

找到一个财务顾问能够帮助你回答上面的问题。找到一个合适的顾问当然是不容易的，而且会有很大的成本。很多顾问每年的收费为资产的1%，这至少可以减轻对他们以某种方式从固定费用中赚取更多钱的担忧，以及对他们试图通过向你销售你不需要的产品来获利的担忧。当然，在我们简略的讨论的投资方法中每年的成本是0.2%～0.3%，顾问费看起来不成比例地高，但是这取决于你的投资组合的规模而并不意味着高的时薪。同样，如果你不想要那些标准的建议，那么在网上你可以找到一些非常便宜的。作为一个顾问的客户，你所问的理性投资组合比其他要求的从头开始构建且要量身定制的投资要简单得多。你并不是要顾问帮你找一个最好的投资组合。你要记住一点：你是一名理性投资者。

第十一章/*Chapter Eleven*

费　用

金融世界里太少人愿意向大众普及低投资费用的重要性。不过，毕竟他们就是靠这些费用谋生的。我当然不会向你贩卖其他东西，除了本书（并且本书所有利润将会捐赠给慈善机构）。

金融中费用特别重要，对于理性投资者来说更是如此。因为我们认为我们不能从市场中获得超额收益，所以我也没有特别要求其他人在投资方面天资聪颖。总之，我们期望尽可能少付费用。现在是时候复习一下早些时候的课程了（见图11-1）。

惯性对我们的生活影响巨大。它要么让我们把我们的投资一直留在原地，要么就让我们跟风购买广为人知的积极型基金。大多数投资者忽视了额外产生的费用，但是不以为然——请不

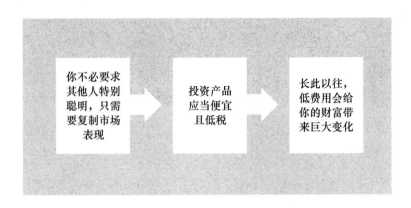

图 11 - 1　又见简单解法

要做这样的投资者。许多投资者花费数不胜数的时间比较笔记本电脑或是度假的价格，但是却不愿意寻找更为优秀且便宜的投资产品。

一项昂贵、主动的选择

让我们比较一下被动的指数追踪型基金与典型的、关注相同指数的积极型基金：

	积极型基金	指数追踪型基金	
预付费用	2.00%（切勿支付!)	0.00%	
年费			
管理费用	1.00%	0.20%	
其他费用	0.20%	0.15%	审计、法律、监管费用
交易费用			

买入/卖出	0.35%	0.25%		流动性时期平衡
佣金	0.15%	0.10%		追踪型产品不发生调研费用
价格影响	0.25%	0.25%		
交易税	0.25%	0.00%		ETF 不用交印花税
每笔交易总共费用	1.00%	0.60%		
换手率	1.25×	0.00×		
总共交易费用	1.25%	1.25%	0.06%	0.06%
额外的税		0.00%		0.00%
每年费用		2.45%		0.41%

值得庆幸的是，许多投资者可以不用交纳日益少见的预付费用。简单来说，你可以通过投资一只指数追踪型基金而不是积极型基金每年节省 2% 的费用（一些投资产品还包括退出费，但是这种类型的投资产品也在逐渐减少）。

如果每年节省下来的费用对你来说只是九牛一毛，那么想想复利的力量吧。

假设你是一位节俭的投资者，从 25 岁至 67 岁每年从 50 000 美元中拿出 10% 投入股市（假设收入随着通货膨胀增加，因此在这段时间取平均数以简化计算——而且大多数 25 岁的年轻人赚不到 50 000 美元）。那么，投资指数追踪型基金与投资积极型基金有什么区别呢？

让我们进一步假设一下扣除费用之前的名义累积收益（现在不考虑税）：

最低风险收益率	0.5%
股权风险溢价	4.5%
年通货膨胀率	2.0%
	7.0%

　　我们当然不能期待基金经理能够从指数中帮我们获取超额收益。重申这个观点很有必要。某些经理确实可以做到，但是总的来说，积极型基金经理的表现与不考虑费用的指数是一致的。正是因为存在高昂的交易费用、管理费用与其他费用，所以与指数追踪型产品相比，他们的表现才十分突出。

　　所以最后你得到了什么呢？在 67 岁退休时，你准备好了接受两种投资收益的巨大差异吗？你仅仅是因为投资了指数追踪型基金就获得了超过积极型基金的 643 000 美元的收益（见图 11 - 2）。

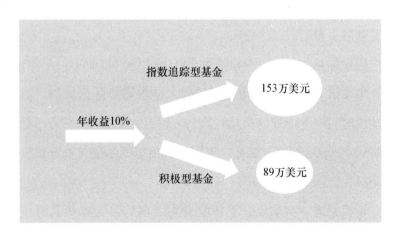

图 11 - 2　投资指数追踪型基金与积极型基金的差异

我们可以通过简单计算，剔除费用，将年金（第一年 50 000 美元×10％＝5 000 美元）与指数追踪型基金和积极型基金 7％ 的回报率结合起来。

考虑到通货膨胀，643 000 美元经过调整后仍然相当于现在 的 280 000 美元。如果你设法避免支付预付费用的话，则 67 岁 时你的积极型投资将会高出 23 000 美元。这正是当初不支付费 用的功劳。如果你当初只避免了支付预付费用，那么这仍然包 括 1.5％的费用差异。在退休时的收入差异仍然高达 494 000 美 元。如果你认为自己在市场中具有投资优势，并且认为你可以 轻易地弥补 1.5％或是 2％的年费用差异，那么祝你好运。如果 你坦然承认自己无法做到的话，那么还是趁早选择费用较低的 指数追踪型产品而不是昂贵的投资产品吧。

思考下这一点吧。不管如何，如果不选择无法获得超额收 益的积极型基金，那么在你的整个投资生涯中将会节省 280 000 美元。想想在你去世后，这笔钱会给你的亲属的生活质量带来 多大的改变吧。

不过现实恰恰相反，大约 85％的投资者都是直接或是使用 养老金投资积极型基金而不是指数追踪型基金。长期来看，只 有一小部分幸运的投资者能够在扣除费用后从积极型基金中获 得可观的收益。其余的人只是在自己的投资生涯中乖乖地向金 融机构上缴可观的费用而已。长远来看，下次你看见一位开着保时捷或是乘飞机去西班牙度假的金融成功人士时，只要想想在一个投资者的投资生涯中节省下来的额外费用至少可以买七辆保时捷。然而矛盾的是自愿向金融机构缴费的投资者往往无法负担一辆保时捷的费用。

> 　　假设一位年收入 50 000 美元的成功人士，在他的工作生涯中把 10% 的年收入投入市场。与选择积极型基金的投资者相比，选择指数追踪型产品的投资者在退休之后将会多出五至六辆保时捷。他可以早 7～8 年退休，或者选择为 4 000 多名贫穷的非洲小孩购买课本。这些都是因为他不向金融公司支付不必要的费用。这很重要，请不要忽视这一点。www.kroijer.com 提供了讨论两者的短视频。

　　如果你对上述理论熟稔于心，但还是一意孤行地支付费用，那么至少还是停止抱怨为什么有人可以赚大钱开豪车吧。

　　当然，你没有强迫自己从积极型基金和指数追踪型基金中选择一个。正如其他人所做的，你可以自主选择投资私人证券以完成自己的投资组合。是否投资私人证券？这又回到了本书最初的关于自己是否具有优势的问题。如果你不具有优势的话，那么你知道这种自作主张的行为只会落得个倾家荡产，因为你无法从残酷的市场竞争中选出一匹黑马，最后也只是枉费心力、徒劳无功。

耐　心

节省费用不能够让我们赚快钱。我们所投资的股票中没有哪一只下个月就能翻一番。我们要真正认识到降低交易费用的好处还得等上几年甚至是几十年。收获的秘诀是耐心地等待，直到低费用的雪球滚得越来越大。这与在睡觉时赚钱并无二致，较低的费用能够随时随地一点点地带来收益。

看看图 11-3，该图形象地表示了上面所提到的投资者总收入的变化。在早期你几乎无法分辨积极型投资和指数追踪型投资有什么差异。在你晚年时两者的差异才变得显著，但是这也只有那些恪守低费用原则的投资者才有权享受。

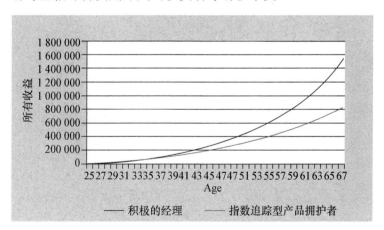

图 11-3　坚持的重要性：你疯狂增长的户头

每年节省 2% 或是更多的费用听起来很诱人，但是在投资市场的喧嚣中，有谁会注意到这一点呢？指数追踪型产品的平均表现比积极型基金要好，这主要归功于它较低的费用。而积极型基金的宣传无处不在，表现得最好的基金会大肆鼓吹自己特别的优势。我们可能会因此上当而放弃我们所坚持的无聊且表现平平的指数追踪型策略。但是请不要这样做，除非你可以向自己清晰明了地解释为何自己具有优势。很有可能你不能解释，这样你反而可以在长期变得更加富有。

相信自己具有优势得付出昂贵的代价

曾有一次，一家中等规模的欧洲保险公司的 CFO 自豪地向我展示他的内部投资智囊团。我们来到一个宽敞的开放式楼层，而他的智囊团被安排在不同位置。他们总共约有 25 人，由一个交易员把订单交给世界各地的经纪人。当我问该 CFO "你认为这些人具有投资优势吗？"时，他的表情看起来就像是我问了一个显而易见的问题，例如如何烹饪一只鸡一样。

这个 CFO 向我提了几点建议，却闭口不谈投资优势的事。他认为积极地投资股票自然就会创造出适合其投资目标的风险状况。我认为他们应当将股票指数与广泛债券相结合去创造适合他们风险状况的投资组合。当然，这伴随着费用的问题。即便剔除彭博终端的使用费、办公室场地租金、价差佣金、危机公关费、研发费用等，这些人的工资、奖金每年总共仍然花费几百万美元。这真的值得吗？我不这么认为——我认为他们不具有投资优势。其实在我为保险公司构建的经济模型中，我认为其股票风险敞口比股票指数低 1.5%（我怀疑其内部也得出了这样的结论）。他们花费大量精力在市场交易上，如果他们认识到自己不具备投资优势，因此应该选择指数追踪型产品，那么长期来看，这对他们自己和股东才是负责任的做法。

另外一个例子是我曾经参观过的一家具有大量且波动的欧元/美元外汇风险敞口的大宗商品交易公司。一支由交易者组成的小型团队负责该公司货币的风险敞口的对冲交易。这当然不错。但是这些人不是思考这家公司应持有的风险敞口的种类与实施方案，而是自立门户，根据自己对市场的看法积极地进行各种货币的交易。这简直是无稽之谈。欧元/美元市场是世界上最具流动性的市场之一，任何具有投资优势的人都能在此一展身手。在我看来，这个大宗商品公司的三四个交易员根本不具备任何投资优势，还是最好不要在该市场中进行交易。

结合以上两个公司的例子看起来，投资者还是不要认为自己具有投资优势了。然而很不幸的是，大多数情况下，交易决策都是以此为基准，或是交易员被给予了一定的交易自主决策权，结果事情就一发不可收拾了。① 除了这些公司之外，仍然有许多像它们一样的公司。建议它们在投资之前能够问自己几个基本的问题："我们是否有投资优势？如果确实拥有，那么在哪里？如何充分发挥这些优势呢？"

我们的目标是什么？

在我看来，与投资相关的费用在接下来的几十年内都将是讨论的热点话题。信息的获取与传播在投资管理机构间将会发展得非常迅速。

特别是在 20 世纪 70 年代与 80 年代，互惠基金获得了爆炸式增长。由学术性的投资组合理论支持的多元化的好处也变得广为人知，即便那些专业术语晦涩难懂。当我在 20 世纪 90 年代早期学习金融理论课程时，互惠基金已经作为私人投资者的有力工具被广泛讨论了。

指数追踪型产品增长之快可与互惠基金比肩，但指数追踪型产品的名气不如互惠基金，很大一部分原因在于它们的低费用没有为市场运行费用提供空间。它们是在 Vanguard 与约翰·博

---

① 在我看来，许多情况下是雇员而不是公司愿意承担这项交易。雇员可能会因这项交易盈利而获得分红，但是他们决不愿承担损失。

格尔（John Bogle）的推行下逐渐发展起来的。

　　指数追踪型产品的增长速度是金融市场缓慢走向解体的自然延伸。这里解体本身或许是一个不太贴切的词，而且我确定没有人能够对它有一个大致的描绘，但是这背后的基本观念就是所支付即所得。如果你只想要某些指数定义的市场风险敞口，那么你只需要支付这部分相应的费用，随着投资产品的简化，费用也会相应降低。除非你非常想这么做，否则别同时咨询明星互惠基金经理或是你当地的经纪人。全权由自己负责不仅会浪费时间，而且与专业投资者相比费用与信息都会处于劣势。这不是一个好的选择。这些东西随时随地都存在，但是最普通的指数也能完成上述任务。

　　指数追踪型产品大约占据了股市投资 20% 的市场（在美国这个数字更高），并且其中只有一小部分是全球股市追踪型产品，所以它们还有很大的上升空间。这种持续性增长将会降低整体费用，使投资者进一步受益。[①]

　　我希望将来全球指数追踪型产品的发展集中于降低这种重要产品的费用。如今指数追踪型产品（如指数基金、ETF）的发行商收取的费用天差地别，有些是单纯的价格虚高而已。

---

　　① 显然也存在某个上限。如果只有指数追踪型产品，那么将不存在有效市场，因为不存在单个证券未来预期的价格。

Vanguard 走在专注降低费用的前沿，并且这家公司巨大的交易额表明投资者乐于接受这种改进。包括 iShares 在内的多名竞争者回应了这项挑战并降低了费用，这推动了降价的市场趋势。一项理性投资组合的践行者应当开沃尔沃，而不是保时捷！

降低费用还有利于投资者投资白标①指数而不是之前已建立的完备的标普指数或是 MSCI，因此节省了授权费用。Vanguard 最近改进了一些产品去追踪 FTSE 指数而不是 MSCI，以达到节省授权经费的目的。这类费用的影响集中在发行商，但最终受益的仍然是消费者。这些举措在指数投资界产生了不小的影响，但是在他处几乎无法觅得。

税负与理性投资组合调整

当理性投资组合这套逻辑被大多数投资机构的投资者所采用时，我们还得把个人税负加入考量之中。

举一个不太现实的例子，假设你是一个美国投资者，投资美国证券的股利与资本收益税为 0，但是投资其他国家的证券税

---

① 白标产品就是由一家公司生产但由另一家公司给予命名的产品。

负为 50%。进一步假设没有办法能够绕过这种地域性税负（例如购买投资国外的美国证券），那你应该怎么办？投资一种仅有美国证券参与的组合看起来可行，这比承担 50% 的税负听起来好多了。你可以购买短期美国国债作为你的最低风险资产，然后投资美国股市承担股票风险敞口。在这种情况下，你可以在地域多元化上妥协，因为这得扣除 50% 的利润。

如果你认为 0.5% 的最低风险与 2% 的通货膨胀之外的股权溢价风险应该是 4%~5%（因为我们为名义上的收入支付税金，通货膨胀使我们支付额外的税费），你可以算出股权期望收益应为 7%，并且美国国内税负为 0，而扣除 50% 的税后国外收益为 3.5%。简单来说，你得判断与只投资美国本土证券的收益相比，投资全球股市多元化的好处是否值得每年支付 3.5% 的税金。

一种相似的观点也适用于昂贵的包装税收。如果获得便宜且多元化的投资组合的唯一合法的方式是通过复杂的包装，那么你得在此考虑其中所发生的费用，包括每年包装产生的额外费用，以及税收当局的政策倾向，理性投资组合的优势真的能够覆盖这一切呢？如果不能的话，我们或许还是选择一种不产生以上费用的投资组合为宜。然而，当某个人告诉你，因为你的税负或是特殊处境的原因而不能选择理性投资组合，并且提供给你一个看起来昂贵的替代品时，请询问自己如下问题："我能通过这个组合投资上市证券吗？"如果可以，那么请追问："即便 ETF 代表着广泛的股票与债券的潜在风险敞口，是否它也只是另外一种上市证券呢？"它当然是啊！

许多发行商推崇避税或是优化产品，这是有原因的，许多投资者是拴在同一根绳子上的蚂蚱。一些产品收取高昂的费用，并且是持续收取，但是同样有许多产品在帮助避税的同时也是理性投资组合的好帮手。因为许多产品日新月异，所以请确保你能跟上这个领域的发展。

那些声称不需要考虑自己的税负情况直接投资的论调，在我看来就是胡说八道。每种税负情况都是特别的，但是这种想法可以广泛应用。确实存在税负使得帮助避税的非理性投资组合比不节税的完美组合更为优异的情况，但是你最好能够投资以上两者。而大多数人确实可以。笔者在附录里提供了更多关于理性投资组合的税费情况的讨论。

第十二章/*Chapter Twelve*

产品和实施

为了实施理性投资组合：

• 我们需要找到一种最好的产品，能让我们接触到地域性的广泛多元化的股票市场，最小风险的政府债券以及潜在的其他政府债券和企业债券。

• 我们希望以税收最优的方式做到这一点。

• 我们需要在我们的风险偏好下组合不同的资产。

过去几十年里指数追踪投资者可以选择的产品经历了爆炸性的增长，而且这个趋势持续不变。因为有新产品不断地进入市场，市面上的信息迅速过时的风险很高，我强烈建议读者在做投资之前一定要做好市场调查来寻找新的更好的产品。随着指数基金和交易型开放式指数基金（ETF）在过去几十年的迅猛发展，大量不同的产品甚至让专业投资者都感到困惑。难怪很多投资者都会选择"忘掉它"并重新做他们之前一直在做的事情。

两种获得指数型风险敞口的方法分别是 ETF 和指数基金（包含几种不同的结构）。这两种产品的最大不同是 ETF 的交易和股票类似而指数基金则类似于共同基金或单位信托。

如果你能够找到一款由 Vanguard，iShare，State Street 或者它们的主要竞争者提供的能够满足你的敞口和税收需求的产品的话，则这对你来说是最好的。很明显，这些是世界上最便宜、最大的指数敞口提供者了，这有点像宜家、瑞安航空或沃尔玛——没有多余的装饰，但是你可以获得最好的价格。最近 Vanguard 在美国境外受到了限制，但是情况正迅速变化。iShare 最近将它的一系列产品进行了降价处理，因为它的高价位使得自己的市场份额正在被 Vanguard 蚕食。iShare 的 CEO 很有说服力地强调了它的整体利润率仍然不错，因为除了主要旗舰产品之外，还有很多价格较低的 ETF。（对比来说，Vanguard 是一个由投资者所拥有的共同基金，因此可能不太倾向于收取高额的费用。）即使它们被称作"指数 XYZ"并且以 ETF 的形式售出，你也不应该购买这些专业的、昂贵的产品。

那些购买了追踪欧洲保险公司、加拿大矿业公司等的 ETF 的投资者基本上通过选择性地进入市场而获得优势，就如同购买微软的股票一样。

出于历史原因，美国之外的指数追踪型产品比美国的要更贵，但是情况幸好正在变化，我认为未来的成本将会差不多。投资者将因此受益。

总费用率告诉你拥有产品的成本

当比较不同的合适的产品时，可以看总费用率（TER）。TER 会告诉你持有产品的年成本，包括手续费、保管费、管理费等。不包含在 TER 里的额外的费用主要是交易成本（买入、卖出、佣金、市场影响等）。指数追踪型产品的转换率很低，因此其 TER 之外的费用很少。

TER（每年）	评论
<0.3%	非常好，关于大规模的流动产品的规范越来越多
0.3%～0.6%	如果您所追求的产品并不简单，那么还可以
>0.6%	确认你需要支付这么多。不要忘记还有交易成本

因此如果 iShare 有一个 TER 为 0.3% 的产品而 Vanguard 有一个 0.2% 的类似的产品，那么这个差异将会成为决定性因素（忽略税收和流动性差异）。

通过比较不同的指数追踪型产品并选择成本最低的，投资者可以节省相当大一笔钱。我最近参加了一个关于 ETF 和指数投资的会议并做了演讲。在会议上产品供应商布置了配有小工具和玩具的大型展台以吸引投资者。这些都很好。但是对我来说，为这些供应商工作的人员的工资同样很清楚。与那些在大银行里做投资决策的同行一样，这些在大 ETF 里工作的人对慷慨的工资组合也不陌生。当你赋予收取巨额营销预算、指数提供商的许可费、行政管理费和企业利润类似银行家获取报酬的文化属性时，许多 ETF 或指数产品并不像它们可能的那样便宜就丝毫不令人感到奇怪了。像其他营利性公司一样，你不能因为供应商开发最盈利的产品而谴责他们，但是你可以更低的价格寻找相同的产品。而且花费时间寻找是值得的。因此当你有 90% 的方式去为你的理性投资组合选择指数追踪型产品如 ETF 时，你可以更加努力地去寻找最好、最便宜的产品。

过去，投资书籍表明人们不会在国外投资（通常是去美国），因为这些成本被认为是令人望而却步的。谢天谢地，资产的流动不再是一个问题，而且过去几十年在不同的国家投资正在快速增长。虽然在一些国家交易费很贵而且税收很高，但是比起过去还是降低了很多。然而你要记住，如果你购买了国外股票市场的产品，那么超过 80% 的钱都会投资在美国、加拿大、西欧、日本和澳大利亚等地，投资渠道都很简单。因此，如果你发现你在这些国家的投资的 TER 为 0.25％而对世界性的产品投资的 TER 为 0.5％，那么你实际上对世界其他地方的产品的投资的 TER 为 1％，这实在是太贵了。

尽管 TER 是选择指数追踪型产品的一个主要方面，但也不是全部。部分 ETF 追踪低流动性的指标可能产生高昂的交易成本并影响回报，就如同你交易 ETF 的成本（佣金等）一样。此外，你还可能需要承担退出费用和前期费用（你应该避免这些成本，除非它的金额很小并且只与你的基金的额外交易有关），或者顾问费用和平台费用。

最好的 ETF：流动性、税收效率和低成本

指数基金和 ETF 主要的区别是 ETF 可以自由交易。你可以像交易股票一样购买和售出 ETF。在 ETF 追踪世界股票的案例里，ETF 通过购买指数里的每一只股票来重复它的表现。作为一名 ETF 的持有人，你应该清楚指数的表现，这取决于我们稍后将谈到的一些内容。

持有 ETF 的好处

持有 ETF 的好处包括：

- 它们的交易像股票的交易一样简单（你应该避免交易你

的投资组合，但是有这个选项更好）。即使在 2008 年到 2009 年最不稳定和痛苦的日子里，市场上最大的 ETF 依然具有流动性，而且买入与卖出没有大的差价。

- 它们的交易价格大多数时候与标的物的价值非常接近。
- ETF 非常容易创建。
- 合适的 ETF 是一种成本非常低的工具。
- 在英国 ETF 不用缴纳印花税。
- 以获取各种费用为目的的顾问和银行有时会忽视推动它们（没有足够的费用让其获得折扣），这表明它们绝对是值得关注的。

在过去的几十年里，ETF 大量增加。在 20 世纪 90 年代中期它们还是相当受限制的资产类别，但是在接下来的十年里无论是数量还是规模都实现了爆炸性的增长。今天 ETF 大约有 2 万亿美元的投资，主要是股票相关的产品，但是固定收入基金的规模在增加。这些资产分散在数以千计的不同的 ETF 中，你可以用它们来购买各种标准指数、波动指数、黄金、石油等的风险敞口。这一系列产品对于各类投资者来说是一件好事。如果不是买金矿或者是石油公司的股票，那么大多数投资者很难直接买到石油或黄金的敞口。现在他们可以。但是，这并不意味着这些产品适合你：请坚持简单的理性投资组合。

iShare 是最大的 ETF 供应商，尽管有大批的竞争者进入了这个行业。表 12 - 1 列出了领先的供应商（Vanguard 是 ETF 的后进者，但是自危机之后一直有极高的增长率）。

表 12 - 1 供应商管理的资产及其市场份额

	资产（10 亿美元）	份额
Blackrock/iShare	997	38%
Vanguard	622	24%
State Street	513	20%
PowerShares	110	4%
Charles Schwarb	61	3%
First Trust	41	2%
Wisdom Tree	40	2%
其他	210	8%
	2 598	

你应该关注上述市场领导者的网站，寻找适合你的需求的产品（税收、规章、住所、流动性、成本等）。

下面是我认为适合一般理性投资者的产品，尽管其他的供应商也有一些有竞争力的好的选择。我所列出的 ETF 在创作本书的时候可能是一个好的选择，不过一直会有新的产品进入市场。当你为选择最适合自己的 ETF 而做研究时，下面的一些问题需要考虑：

- ETF 是否在追踪适合你的投资组合的指数？

- TER 是否很低（<0.25% 每年）？

- ETF 及标的指数是否具有流动性？ETF 是否具有很多的

资产并且频繁交易（看一看买入与卖出差价以及与其他 ETF 相比每天的交易量）？

- ETF 是否对你有税收效益？

- ETF 是否以合适的货币定价，是否有合适的管辖区域？

- 是实体 ETF 还是合成 ETF？这有关系吗？现在绝大多数 ETF 都是实体的，这比较适合你（实体 ETF 与合成 ETF 的区别请看附录）。

- ETF 是否有过与它追踪的指数的表现差异很大的历史？为什么？

- 你能否简单而便宜地处理 ETF？

风险敞口	产品	TER	简介
全球股票	Vanguard Total World Stock ETF（VT）	0.14%	相对较新的产品
	iShare MSCI World ETF（SWDA）	0.20%	
最小风险资产	iShare 1～3yr Treasury Bond Fund（SHY）	0.15%	Vanguard 的产品的价格相似，因为发布太晚，至今仍没有什么重大的资产。存在超短期的产品，但是因为巨额的交易费用而没有吸引力
	Vanguard UK Gov Bond ETF（VGOV）	0.12%	英国等价物
	DB Tracker IBOXX Germany 1～3yr ETF	0.15%	德国等价物（欧元风险敞口）

续表

风险敞口	产品	TER	简介
政府债券	DB Tracker Global Sovereign Index ETF	0.25%	这种产品很少并且没有管理多少资产，但是是一种一步购买国外的全球性的政府债券的方式
	iShare S&P/Citi Global Gov Bond ETF（IGLO）	0.20%	非美国政府债券
	State Street Barclays Emerging Market Local government bonds	0.55%	这个 ETF 包括土耳其、俄罗斯、巴西等
企业债券	iShare Global Corporate Bond（CORP）	0.20%	最近的产品，有着全球性的风险敞口。你可以自己找一下这类产品，或者在不同国家做一个组合

就如同频繁发布的指数产品一样，不同的产品的费用持续地在变化。特别是债券 ETF 还有很多不足之处，这是一个具有完美形象的廉价而活跃的广泛基金可能有所作为的领域，但这是 ETF 行业的增长领域，所以希望很快就会有适合的指数跟踪型产品可以申购。

传统上，市场上不应该有这么多的全球股票或债券（政府或公司的）ETF，但这是指数领域的一个快速增长的部分（最著名的指数 MSCI 直到 1970 年才创建，而紧随其后的就是一系列的产品）。指数产品更多地和提供它的国内市场紧密联系，例如德国的 DAX 或美国的标普。（世界上追踪标普的最大的 ETF 大约管理着 2 000 亿美元的资产。）

指数追踪型基金

指数基金的运作方式与互惠基金和单位信托基金相同，即使在不同管辖区域术语和确切的基金结构也仅略有不同（例如在英国，它们都叫做单位信托或 OEIC——开放式投资公司）。在指数基金的案例里，最简单的思考方式是你将 1 000 英镑投入进去而它们用这 1 000 英镑来购买标的证券以获得指数风险敞口。如果你赎回或出售你的指数投资，则这个指数投资会按比例地售出相应的债券并将出售所得返还给你。

指数基金产业变得日益地方化。不同于你可以在世界各个角落购买 ETF 或股票，指数追踪型基金通常是典型的地方金融机构，在美国的主要参与者与在德国或在英国等其他地方的主要参与者并不相同。因此实际上某些国家的指数基金的选择与主要的金融中心相比还十分有限，这损害了当地投资者的利益。

在美国，指数产品被 Vanguard 所主导，但是 Fidelity，Blackrock，PIMCO（债券）和 American Fund 都有超过 1 000 亿美元的资产，而且 Dimensional Fund Advisors 和 State Street 也值得一看。在英国，主导的参与者是 Legal&General，Blackrock，State Street，HSBC 和 Vanguard。

在这两个国家之外网上搜寻并比较四五个资产管理公司或

银行的产品时，可以用前述 ETF 列表作为简单的参考。请记住，当你电话咨询这些公司是否有便宜的指数追踪型基金时，它们会极力向你推销昂贵的产品，比如生息基金或结构性产品。请不要轻易相信。

　　我所观察到的关于指数追踪的问题是没有足够多元化的产品种类。即使是市场的领导者，如英国的 Legal & General，也没有一个多元的全球性的投资组合。它有一只覆盖最好的 100 家蓝筹公司的指数基金，但是与世界上的股票指数都不相同。而且这个产品每年收费 1%，并额外有 0.15% 的开支。Vanguard 的创建者约翰·博格尔对此费用感到骇然。因此如果你想通过 Legal & General 来获得全球股票投资组合，那么你必须专注于自己组合一个指数基金的投资组合，而不是购买一个一站式的全球股票产品。

　　通常来说，部分指数产品会变得极其昂贵，因此最好不要购买。Virgin FTSE All-Share Tracker 基金每年收费 1%，而 Vanguard FTSE All-Share 指数基金收取 0.15% 的持续性费用。① 我不理解为什么人们要为相同的产品支付六倍的价格，除非他们的情况不允许他们投资便宜的产品。除此之外，一些指数追踪型基金有前期费用，基本相同的产品的成本差异令人眼

---

　　① 在写本书的时候，英国购买 100 000 英镑以下的 Vanguard 的基金的唯一方式是通过 Alliance Trust。Vanguard 一直在引入更简单、更直接的产品方面制造障碍。

花缭乱。

因此和ETF一样，对于指数产品你必须确保它们能够满足你的特殊需求，确保你有合适的多样化水平并且没有被产品供应商乱收费。

通过ETF或指数基金复制指数的一些问题

正如我所建议的那样，我们应该投资广泛而便宜的投资产品，在此我要指出一部分人可能对这些产品存在的一些疑问。没有特别的顺序，如下所示。

1. 同一市场上的不同指数会表现不同吗？

指数供应商在诸如自由浮动（不是由控股股东和管理层拥有的自由交易的股票的比例）、流动性、重新平衡等方面各有自己的规则，因此即使是在同一市场上表现也不同。所以一家指数供应商可能因为Facebook的低费用浮动而降低它50%的权重，而另一家可能降低66%。谁对谁错是一个开放性的问题，但是指数的回报因权重的不同而有所区别。这个原因导致的表现的差别使得没有哪个指数可以一定超过另一个。指数供应商一直试图做一件事：提供一个好的市场表现，尽管它们的解释有细微的区别，但你可以预期市场上不同种类

指数的表现差不多。指数中的证券的种类都一样，而且占比大致相同。

2. （与第一条相关）指数追踪型基金和 ETF 有追踪错误

这是正确的。实际上，产品供应商并不能总是 100% 地匹配指数。有时候重新平衡会做得稍有不同，或者供应商的次流动性的组成成分比例可能会略有差别。指数通常是每季度平衡一次。设想一下因为更新权重，你想要在下个月的 1 日将 5% 的 Facebook 的股票加入指数追踪型产品中去。理论上来说，你会在 1 日之前以收盘价购买这些股票，但是实际操作中不可能。相反，你想要决定股票的规模。可能部分交易商会在 1 日的前后 5 天购买，而其他的会在前后 10 天购买。这样做的结果就是它们的表现会不同，某些追踪指数更加紧密一些。如果一个指数追踪型产品或 ETF 一直比其他的相同类型产品的表现要差，那么可以认为它的运营出现了问题（或者隐藏了费用），是时候寻找替代产品了。

3. 美国市场在许多全球股票产品中的比例过高

这是真实的。在很多产品中美国市场占了总数的大约 50%。这就表明有着很大的非美国企业风险敞口的最大的美国公司（如苹果、谷歌、微软、亚马逊等）可以在一定程度上缓解这个问题。同样地，随着时间的推移，更多的国外上市公司会稀释美国公司的敞口，越来越多的国家可以被这些指数产品供应商所采用。这个问题会自我更正，但是现在它还是个大问题。你可以通过在投资组合中加入一个地区性的股票指数产品（如美国、亚洲、欧洲等）来匹配全球股票的比例而不是全球股票指数追踪型产品，但是这很快会变成管理负担，特别是当你必须做重新平衡时（指数追踪型产品自动为你做到）。我建议你将这个问题考虑在内，但是勉强接受。[1]

4. 并不是所有的国家都在全球股票和债券指数里

这是正确的。它们有一天会，但不是现在。有些国家没有功能完备的资本市场（试一试在朝鲜购买股票）。全球股票指数总共代表了世界的95％的国内生产总值（GDP），在我看来，这就足够有代表性了。

5. 大多数指数并不代表一个国家的所有股票或债券

这是正确的。将所有可交易的股票和债券都放到一个指数里将会使得实施它极其困难且昂贵，追踪错误率也会升高。因此，鉴于实际的流动性和交易成本问题，追踪型指数不将它们包含在交易量中。（相似地，如同前面所讨论的，在不同的

---

[1]　有效市场表明美国证券的价格将会下跌以反映美国风险敞口占世界总体比例的集中风险，但是实际上我们无法知道它是否发生过。

国家，股票或债券市场代表的比例各不相同。）另外，如果一个指数包含了占全部股票价值95％的股票，那么剩下的5％要产生影响，它就必须有惊人的表现。

6. 执照费用将会侵蚀你的回报

指数供应商对产品供应商每年收取执照费用。费用的大小大部分是保密的，但是每年0.02％～0.03％是一个合理的猜测。iShare付费给MSCI以使它的产品叫世界MSCI指数而不仅仅是世界指数。尽管我个人十分愿意接受白色标签的指数品牌而节省下每年0.02％～0.03％的费用，但是产品供应商很明显认为为将其产品与MSCI，S&P，FTSE，Russell，Dow等联系起来而付费是值得的。我对于Vanguard这样的公司只支付更低的费用毫不意外，指数供应商在自己的品牌足够强大时最终会考虑自己建立的指数或者廉价的独立的指数。

7. 你的表现只会是平均水平

是的。完全有希望。重点是我们不能超过市场，因此我们应该以最低的价格和最优的税收方案来购买广义的市场风险敞口。当然，这意味着我们无法获得苹果公司下一次500％的涨幅，也不会遭遇下一个安然或者雷曼。

比较网站

很有可能在你读到此处时就有一种新产品发售或者上面提到的产品的收费发生变化。如果是这样，那么你必须做一些自己的研究来找到最适合自己的投资。下面是一些你可以考虑从中获取相关信息的网站（还有其他的）：

- Morningstar. com
- Trustnet. com
- ETF. com
- Fund. ft. com
- Bloomberg. com
- Reuters. com
- Monevator. com
- Investmentfunds. org. uk
- Barrons. com

我要提醒你网站上的信息并不是完全正确和完整的，在做出任何投资决定之前务必去产品供应商的网站查看基金的详细情况，只有在那里才能够保证信息及时与正确。

如果你有一个财务顾问的话，那么你应该可以从受过这方面教育的他或她那里获得最好的信息和建议。

在网站上你应该可以找到基金筛选器。分类并不总是直接的，而且有时候网站并不允许你筛选"指数追踪"。一个好的方法是筛选具有最低的 TER 的基金或 ETF，或搜索基金的名字中的"index"。你可能会找到很多不同的类型的基金，如"中型价值"或"高产"等，而不是我们需要的简单的"全球性的"投资组合。同样，在某些情况下特定的产品可能就从产品列表中消失了。保持耐心并持续尝试——这是值得的。失败后你总是可以通过 ETF 或指数基金供应商恢复前面列出的浏览信息。尽管有许多其他的产品供应商试图参与竞争，但这些列出的产品作为市场领导者是有理由的。

部分指数基金供应商对于投资该基金只收很少的交易费，这与你从基金撤资的费用一样。这个收费只反映了将你的钱投资于标的证券的成本。如果没有其他的收费而你又是一个长期的基金持有人（就如同你希望的一样），那么你将会转而间接地为基金的其他进出的投资者支付成本。在指数基金中出入的费用是不包含在内的，但是在 ETF 交易中这个费用包含在买入与卖出的差价里，或者有时候 ETF 会以净资产价值的溢价或折扣价交易。（折扣的意思是 ETF 的交易价是 99 英镑，但是持有的资产的价格是 100 英镑。）

尽管一直在增长，但指数追踪型产品依然只占股票投资的20％（大多在美国，少部分是非股票产品，并且很少的一部分在追踪世界股票），且不会被前述可比较的网站主推。请记住，指数追踪型产品如指数基金和 ETF 都收费很低，因而通过在平台上打击其他产品，金融业将获得更大的利润。

执　行

如果你已经知道了你想要投资哪一种指数基金或 ETF，那么剩下的就是执行这个投资计划并不断地收割收益。

因为购买 ETF 与购买股票类似，所以你可以找一个网上折扣经纪人（比如美国的 etrade. com，scottrade. com，tdameri-trade. com 等）。即使你通过更成熟的银行来购买，佣金率也很低。当然，要避免"隐藏"的额外费用。你是一个无利可图的客户。我们所讨论的产品都是流动的，因此你的投资不会有市场冲击，除非你的投资额可以与卡塔尔的埃米尔（Emir）相提并论。对低流动性的 ETF，在投资之前要做好关于日常的交易量和买入与卖出差价的研究。如果你的投资会改变市场上 ETF 的价格，那么你就要重新考虑这个投资产品是不是你的最佳选择。

购买指数基金最好是通过基金超市，或者基金供应商（如 vanguard. com）。确保你购买自己所需的并拒绝那些昂贵的服务。因为最便宜的指数追踪型基金的收费非常低，所以部分基金超市会收取保管费。（超市通常会获得基金费用的一部分，难怪它们会推荐……）每个月几英镑的费用看起来很少，但请确保你的投资规模的大小，以防这一费用侵蚀你的回报。（10 000美元的投资每个月 2 美元的费用每年就是 0.24%，那么你还是持有 ETF 吧。）

无论你是哪个国家的，如果你不熟悉如何用最好的方式去执行你的交易，那么用 Google 搜索"美国、英国或德国最好的投资平台"可以给你帮助。你也可以搜索"投资超市"或者"交易平台"，等等。又或者你有一个顾问，则他或她会告诉你成本效益最好的交易平台。英国一些有特色的超市包括 bestinvest. com，hl. co. uk，cofunds. co. uk，fidelity. co. uk，alliancetrust. co. uk，iii. co. uk。在美国最好的选择是 etrade. com，scottrade. com，schwab. com，fidelity. com，以及 vanguard. com。在其他国家传统金融机构依然主宰着交易市场和保管市场，而且成本很高。如果你的条件允许，那么我建议你看看 interactivebrokers. com 和 td. com，以及一些其他的网站。

在很多国家，包括英国，你可以以很低的成本或者无成本地从国库购买国债。因为节省了部分的成本，所以你自己就必须保证你的证券的成熟期与你的平均的目标成熟期相匹配。对大多数人来说，支付给供应商部分成本来让它们帮你解决所有的杂事是值得的。

交易是昂贵的，拉动触发器让人备受煎熬

交易是昂贵的，这是诸多投资者只能获取低回报的主要原因，但是通过改变证券的配置，在交易时你可以节省交易成本。部分产品供应商经常将固定比例的债券和股票混合起来。尽管它们存在与前文所提到的相同的问题，但是它们拥有客户量大、成本更低的优势。如果你能够找到适合你的投资组合的产品，那么这些增加的优势将一文不值。

当重新平衡你的投资组合时要考虑到你的投资规模。如果你交易 10 000 美元的资产并将其分成四种 ETF 或证券，那么即使再少的佣金也会加总到很大。如果每笔交易你支付 15 美元，那么你将会支付 0.6%（60/10 000）的经纪费。请考虑一下你当时是否需要所有的四种证券。请记住，理性投资组合的股票部分可以简单地由一种证券组成，这对于降低佣金是一个优势。

如果你才刚刚开始储蓄并建立你的投资组合，那么拉动触发器并将所有的钱一下子投进去可能有一点艰难。你可能很后悔，因为在做出投资决定后的一周内市场下跌了 10%。你所有辛苦赚来的钱化为飞灰，仅仅是因为你不幸地在一个错误的时间点进行了投资。

虽然情感上可能更难接受，但你应该尽快把钱投入使用。一旦你做出了投资决策，就请确定证券配置比例，并找到最佳产品。我们认为市场长期内会缓慢上涨，但是短期的变化无法预测。当然，如果你同时将所有的钱都投进去，那么你选择了一个不好的时刻的风险会加大，但是当你从容地构建你的投资组合时，你至少可以期望你的股票每年有4%～5%的收益。因此，除非你找到了市场的短期动向并且能够找到一个最好的时机投资，那么没有什么时候比现在更好的了。

如果"一步到位"地配置对你来说风险过大，那么你可以分块投资并在一定的时期内逐步增加，尽管因此你要付出更多的佣金。（投资者通常每次交易支付相同的数额。）如果你能够接受更高的佣金和多次交易的麻烦，那么你可以考虑美元成本平均策略（当市场下行时买得更多）或价值平均策略（相似但是更倾向于每次投资固定的数额）。① 我个人并不认同市场遵循均值回归模式（你因此而认为自己有优势）的说法，但是如果这可以极大地纾解你首次投资的担心，那么它是一个好主意。

———————

① 参见 William Bernstein 的 *The Intelligent Asset Allocation：How to Build Your Portfolio to Maximize Returns and Minimize Risk* 一书（American Media International LLC，2014）。

重新平衡投资组合

任何值得一看的投资类书籍都会告诉你要仔细构建投资计划并坚持下去。因为存在交易成本、税费，所以频繁地买进卖出证券将会极大地降低长期回报。

虽然市场变动或你个人环境的变化可能会改变你的风险/收益视角，但通常你希望自我设定，以便在面临这些因素时你的投资组合具有相当大的灵活性。例如，假设你的风险偏好使得你的投资组合为 60∶40 的债券和股票，可是表现强劲的股票市场会使得比例变为 55∶45。你应该售出 5％的股票并购进债券来使得比例回到 60∶40 吗？

你的投资组合的分配比例偏离你的理想分配比例的程度是你的个人选择，并部分取决于开始的比例的固定程度。很明显，你要杜绝微小波动的交易：如果对于高于 1％的波动你都要进行重新分配的话（61∶39 或者 59∶41），那么你将会极其频繁地交易，这将是昂贵而不必要的。从经验来看，每年的变化超过 10％，或者在年内达到了 15％～20％时，你才应该考虑重新分配。

请记住，就如同你最开始计划的 60∶40 的分配比例一样，这个分配比例不是固定的。你的境况的改变、思想的提升或者市场的进步都会改变你想要的分配比例。

例如，如果你有 100 000 英镑去投资，并进行了 60 ∶ 40 的债券和股票的分配，而股票上涨了 50%，则在不加以调整的情况下投资组合变成 50 ∶ 50（债券为 60 000 英镑，股票为 60 000 英镑）。你可能会发现你不需要超过 600 000 英镑的债券来获得心理预期，因此可以将所有其他资金保留在较高风险回报的股票中（在这种情况下无须调整）。请注意，再平衡通常涉及出售业绩较好的资产并购买表现不佳的资产，这会使许多投资者感到不安。

下面是一些重新平衡投资组合的想法：

● 在你决定了起始的投资组合比例之后，请在重新平衡之前考虑清楚你希望操作的范围。如果不同步超过 10%，则这可能就是一个好时机。

● 当你的投资组合有金额进出时，将它作为微调平衡的机会。因此，如果你的理想的比例是 60 ∶ 40 的债券和股票而你现在的比例是 62 ∶ 38，而且有现金收入，那么就去购买股票而不是 60 ∶ 40 的混合证券。长期来看，这会节省你重新平衡的成本，因为你节省了额外的交易费用。

● 也许可以考虑一种能够自动重新平衡风险的投资产品。在一个政府债券和全球股票的比例为 50 ∶ 50 的产品的例子中，产品供应商将会重新调整债券和股票的数量以确保比例不变。Vanguard 在这方面有一些极好的产品可能比较适合你。

● 周期性地，至少是每年重新审视你的投资组合并确保你对它的比例依旧满意。是否你的生活或资产等级发生了变化使得 60：40 不再是最佳比例？这可能涉及时间的流逝，因为你越接近退休，你就应该持有越少的股票、越多的债券。

总　结

实施投资组合正变得越来越重要，但是你拥有的选择比几十年前要好得多。廉价而流动性好的指数风险敞口选择越来越普遍，而且绝大多数金融公司都提供相应的产品。

对你来说，合适的产品取决于你的税收和现在的境况。但是关键的因素是相同的，买越多样化越便宜的指数追踪型产品越好。如果你做到了，你就已经做得非常好了。

第四篇　需考虑的其他事项

第十三章/*Chapter Thirteen*

养老金与保险

对于许多个人投资者来说，大多数人的投资生涯都不会涉及理性投资组合，反而养老金、终生年金以及其他相关产品的选择更受到重视。在理性投资组合的前提之下，这里是对以上几种产品的探讨。

养老金固定缴款计划

养老金固定缴款计划成为私企员工的主要选择。公司与其自行承担养老金短缺的风险从而推行固定收益计划或是最终薪酬计划，不如让员工自己承担投资风险选择养老金计划。

由此看来，参加养老金计划是否有理有据？当然，这还是得看情况。

通常投资养老金是一种退休后节税省钱的好方法。在不同的地区情况不同，不过养老金缴款在计算所得税时可以从应税所得中扣除，也会得到所工作的公司的一部分补贴。现实中这意味着理性投资组合中的税后 100 英镑可以用来进行 200 英镑的养老金投资。对于理性投资者来说，养老金的潜在弊端完全无法抵消巨大的投资补贴，权衡之下选择投资养老金才是人之常情。换句话说，投资者在这种情况下根本无法做出其他选择，只能被迫参与。即便投资出现了差错也不会怪罪于当时的犹豫不决。

正如之前所探讨的，理性投资只是让你认识到自己完全无法赢过市场，当然也无法创造出一种考虑了个人风险与税负情况的投资组合。特定情况下的税负或是其他优惠政策能够使一些产品看起来比理性投资组合更为划算，养老金正是其中的一种。在你盲目地准备在养老金投资计划上签字时，这里有几点你需要仔细考虑：

● 你是否能够灵活地在养老金计划里选择符合你的理性投资组合预期的产品？如果不能的话，那么养老金计划是否包含了太多过于昂贵的投资产品或是积极型基金，这反而违背了低风险的初衷？

● 费用总共是多少？一些养老基金收取 1% 的年费或是更

多，取决于你整个投资计划的时间长度。这代表着如果没有以上优惠政策的话，那么你最好从养老金投资中抽身，早早投资理性投资组合。在我看来，下一个世代最大的财务丑闻之一就是投资强制缴纳的养老金时投资者可能会面临高额的费用。根据最近的一项调查，大半的投资收入将会消失在费用的深渊中，并且由养老金参与者平均承担。背后的理由真是荒谬，令人汗颜。

- 养老金的风险状况是否符合你的风险偏好？你真的有选择吗？

- 如果你换工作了，或只是觉得当前的养老金不划算，那么它可以方便地转移到其他发行商或是别的国家吗？你是否想过这一点？

- 在你需要的时候，你能够灵活地使用养老金中的资产吗？即便你确实可以动用养老金中的资产，代价不会过于高昂吗？

- 除了养老金限制诸多，它是否还存在许多隐性收费？我的一位朋友将会失去投资的 50%，如果他先于他的配偶离世。

举一个例子。当你有机会享受作为职工缴纳养老金的补贴与随之而来的节税政策时，你是选择投资 100 英镑的养老金，还是放弃以上所有补贴选择 75 英镑的理性投资组合？让我们假设你按一比一的比例投资最低风险的产品与股票，年收益为 3%。两种投资的差别只在于养老金年费用为 1.5%（不考虑你能够自主管理理性投资组合中的本金与收入）。

长此以往，养老金的好处将会被高昂的费用抵消（见图 13-1）。如果你能像理性投资组合一样投资廉价的养老金产品，那么显而易见，你应该享受节税的好处与养老金的其他补贴，但是事情不总是如此非黑即白。

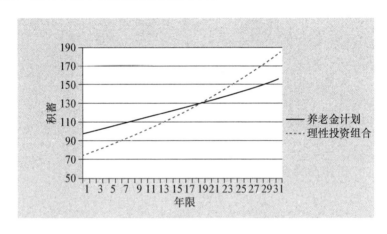

图 13-1　养老金计划与节税型的理性投资组合比较

我曾经在一家负责养老金计划的公司工作。这项计划的好处在于我们能够省下投入金额 20% 的税负，但是投入计划的钱在 25 年内不能动用。我估计投资这项计划与投资指数追踪型产品相比每年多出 1% 的费用。同时养老金除了可以节税之外还可以带来其他好处，不过我当然可以通过其他投资获取相同的效益。在考虑了低税率与高费用的情况下，我只是将我的资金套牢在一项不流动的投资中 25 年，这与小额储蓄没什么差别，最后可能只会放弃这个项目：正如我的老板所愿。

当然本章的重点不是在退休之后拒绝储蓄。你应当这么做，并且在许多计划中，例如最近推行的英国养老金计划，储蓄是强制执行的。但是你应当注意高昂的费用，尤其是养老金计划的不灵活性，并仔细考虑你是否可以找到更为便宜的实现养老金效益的投资计划，最后还得考虑除了养老金以外的储蓄计划。

养老金投资的规则与税负情况在不同地区和不同时间可能有所不同。[1] 考虑到理性投资很大程度上是为了省钱，思考如何从养老金中获取最大收益也是一种锻炼。

如果你仍然在投资养老金方面犹豫不决的话，那么这正是一位经纪人派上用场的时候。如果你执意要投资的话，那么我建议你选择那些便宜且不提供冗余服务的养老金计划，你最好可以自由地选择你自己的资产组合。这会让你在选择理性投资组合的同时，节省下许多额外的费用与税负，从而充分挖掘养老金的好处。毫无疑问，这是双赢的策略。

---

① 关于英国财务计划或是养老金方面的文章，我推荐 Jonquil Lowe 的论文 *Be Your Own Finacial Adviser*。

固定福利计划

固定福利计划如今越来越罕见，特别是在私人单位。如果你现在正在享受固定福利计划，那么我建议你想想谁是你未来现金流的保证人。养老保险失效的例子在经济下行的形势下比比皆是，特别是在你不想你的养老保险失效的情况下（虽然经济可能从来都没有好过）。更多的企业在经济下滑时丧失了支付养老金的能力，在整体投资市场表现较差时尤其如此，而无法支付养老金与公司本身的营业能力有很大关系。

未来我认为许多私企与国企会出现无法支付养老金的情况。2008年以前，变动相对温和的市场与高利率的经济环境使得一些投资计划盲目乐观，最终陷入了准备金不足的窘境。养老基金使用折现率预测其需要多少钱履行未来的支付责任。如果它们需要在20年后向某人支付1 000英镑的话，以折现率3%计算，现在它们得支付550英镑，但是在5%的折现率之下结果却是375英镑——向某人要375英镑当然比500英镑要容易得多。这看来像是报表里的把戏，不过你将会收到比约定更少的养老金，因为一些人盲目乐观而使用了错误的折现率。

除非未来的几十年内市场形势好转，足以解决养老金资金不足的问题，否则将会出现许多养老金无法履约的问题。政府将会出面保证养老金缴纳者的退休资金，同时它还将面临来自高债务与人口老龄化的问题。如果你正在参与一项固定福利计划并且期望在几年后获取收益，那么你得明白现在自己的处境。

年金与保险

对于成千上万的投资者来说，年金是投资组合中重要甚至占主导地位的选择。有些时候养老金计划参与者被要求将部分养老金投入年金，许多投资者发现稳定的现金流能带给他们安心（一些年金在投资者逝世之后仍然会支付给其亲属）。

我当然对于年金没有疑问。它会给你带来无形的价值，让你明白当你老了一切都没问题。特别是当你投资一项随着通货膨胀调整的年金（某些依据零售商价格指数调整）时，你对自己退休后的购买力了如指掌，不必为了市场波动或者是死后留下一大笔钱而烦恼（人终有一死）。

但是，当你购买年金时你得好好考虑以下几点：

• 谁来保障你的未来收入，他们的信用如何？记住，你在许多年之后将会需要你的年金。如果你在 50 岁时购买了年金，运气好的话你会在半个世纪之后获取第一笔收益金，在那时你的生活质量将很大程度上依赖收益金的多少。大多数情况下，年金投资计划都由政府背书，但是你得弄清是否真的如此。你当然不想陷入雷曼式破产的境地，这意味着你在退休后将血本无归，收入也将化为乌有。（记住，年金发行商也将在不景气的时候惴惴不安，这也将是你最需要钱的时候。）

● 年金的价格可能较为昂贵——确定你需要它。很长时间以来，你就在借钱给保险公司了。你可以试着通过下列步骤弄明白标准（未经过通货膨胀调整的）年金系数：

了解标准年金期望收入

1. 弄清楚你的期望到期日。网络上有许多期望到期日的计算方法（我使用过许多种，其中包括宾夕法尼亚大学的一种计算方法：wharton. upenn. edu/mortality/perl/calcForm）。如果你能预料到自己能活多久，那么将会更为精准。这将会提前让你知晓保险公司要求你付年金的时间。（确保你如实告诉了他们所有亚健康的身体状况——越严重越好，在这种情况下，你最好让他们认为你快病死了。）我甚至惊讶于我能活这么久，据在保险行业工作的朋友所说，这已经是常态了。

2. 对优秀的年金进行调查，确定你能获取收益金。由第三方而不是你的年金发行商自己为其信用做保证。假设你购买了100英镑的年金，你实际支付的价格是多少？

---

3. 确定你投资金额的内部收益率（IRR）。你的内部收益率基于保险公司向你借入的金额。例如，在第零年－100英镑，第一年＋3.75英镑，第二年＋3.75英镑，你可以通过Excel演算一遍。记住，这不像债券一样你可以最后拿回属于自己的本金（确实有本金项目可以这样做，但是年支付金额将会略微降低）。

4. 确定未来支付的平均时间（久期——使用Excel进行计算）。根据你的个人情况，可能在15～20年不等。如果你现在开始获取收益金，那么你估计还有半年好活。

5. 在同一货币下，将你的内部收益率及到期日与久期相似的政府债券进行比较（你平均支付年限应在4年以上）。

6. 对年金的内部收益率打点折扣反映产品内在的灵活性。如果你拒绝继续投资年金，则可能得缴纳相应的罚金。

7. 考虑年金的税负的好处，这在某些时候相当重要。

例如，当我作为一个潜在的年金投资者通过以上步骤调查年金时，我计算得到的IRR与英国政府债券相比要稍微低一些。所以在未来的几十年之内我将会以相对于政府债券较低的利率投资年金，其中不考虑我的个人环境改变后英国政府债券的流动性。也就是说，我从年金发行商那里得到的老年年金够用的保证是相当昂贵的。

如果你的年金的内部收益率吸引力不够大的话，那是很正常的一件事。年金产品管理昂贵，而且管理成千上万的年金缴纳者的现金流、市场营销、再投资等，对于保险公司来说也不是什么大生意。只要想想每次有人打电话投诉他的 300 英镑没有到账，再把这种情况扩大到 100 万位顾客身上，就可明白这种服务相当费钱——即便你不属于那些频繁投诉的顾客，你还是得为他们的行为买单。

我关于年金的结论是，如果你没有可观的储蓄金并且非常担忧晚年的生活质量，那么就其允诺你的微薄的收益而言还算是物有所值的。如果你没有很多钱，那么知道自己拥有什么就够了，这也是一件很有价值的事情。年金可以给你想要的。

如果你身家百万并且非常想为下一代留下些什么，那么可以再考虑考虑年金。刨去潜在的税负与其他收益，你在年金上的投资的收益是不尽如人意的，其实你可以通过投资创造更多价值。如果你活得比预期寿命长，那么你当然不会获得任何额外收益，但是考虑到你的其他财产，你甚至不需要其他收益。年金发行商同时也靠着变更与取消年金计划的高额罚金赚取收益。如果你有这方面的想法，那么得把这一点也纳入年金的评估范围（几十年之后什么都会变化，如果你现在不这么认为，那么将来也可能发生这样的事）。这也包括你认为年金不再安全而选择早些退出。假如你的晚年生活得到了由德国政府背书的某个德国保险公司的保障，那么你会是什么感觉？你会希望自己早点归隐山林。

年金的内部收益率显示，收入状况相当不容乐观，这可能不符合你的风险偏好——如果你承受得起更高的风险以追求更高的收益，那么年金只会在未来的几十年将你套牢在低收益期望上。

购买保险

用非常晦涩的术语分类的话，保险分为人寿险与非人寿险。非人寿险是针对你的车、房、旅游、商务等无生命的事物的保险。我们知道它是怎么运作的。你通过支付 500 英镑保障你的车子免于受到损害，包括被偷窃在内。让我们假设这是价值 10 000 英镑的车。简单来说，在任何一年申请全额赔偿的概率大概是 5%。虽然没有必要这么做，但是大多数购买保险的人认为这是正确的选择而且值得这么做。

我不为 10 000 英镑的车买 500 英镑的保险（除非第三方强制要求）的原因与保险公司的结合比率有关。结合比率是索赔比率与费用比率的和。索赔比率是公司会付给遭受损失的顾客的钱的占比。费用比率是保险公司所有费用的总和的

占比，如市场营销、管理等。保险公司的结合比率可能会高于 100%。如果索赔未生效，那么发行商可以从收取的保费中赚取利息，直到索赔生效为止。但是既然汽车保险是一年期保险，那么为了盈利，结合比率应该下降到 100% 以下。

对于汽车保险，风险在某种程度上是可以预测的，保险公司也对每年的索赔与费用额度心中有数（保险公司可以对它们完全不愿意承担的风险进行再保险）。用非常粗略的数字来说，保险公司可以确定 95% 的结合比率，而它的政策组成为 75% 的索赔比率和 25% 的费用比率（我在保险公司工作的朋友慨叹这种比率实在过于简化）。所以挑重点来说就是，如果你是平均风险承担型的顾客，你每次为车子支付 100 英镑的保费，那么你会得到 70 英镑的赔偿，而保险公司得花费 25 英镑确保以上流程正确运作，剩下的 5 美元就是它们的利润。换句话来说，你得花费 30 英镑买个安心。当然，你也不能向它们讨回 70 英镑。大多数时间你都是徒劳无功，就像是你未曾向保险公司提起索赔一样。厄运降临在你身上时，你可以把你的 10 000 英镑拿回来，但是大多数时候你只是拿回了 70 英镑。

所以我不想购买汽车保险的原因是我不愿意在我能够承担损失的情况下支付 30% 的保险费（25% 的费用加上 5% 的

保险公司的利润）。显然，如果我的车被偷了或是被损坏了，那么这会令人非常生气，但是我将此视为我能够承担的风险，而且不需要额外为此上保险。重要的是，我认为我没有在车险里完全省下 500 英镑。我认为我只省下了应付保费与平均索赔款差额的 30％。在我看来，保险公司和我一样熟知保险购买者的风险，如果它们能够为我设定 500 英镑的 70％作为支付额那就再好不过了。所以通过购买汽车保险这个案例，我深入挖掘了我对于保险的一般看法，由于不购买保险，平均而言，我每年得承受 350 英镑的损失（500 英镑的 70％），并且因不购买保险而省下了 150 英镑（500 英镑的 30％）。

不为自己能够承担更换费用的东西，或是已经发生的事项购买保险不代表这些事情不会发生。这只是意味着，我们将时不时地为我们没有投保的东西支付更多的重置费用，而不是持续为许多琐碎事件不断支付小额的保费。就我个人来说，我认为持续关注保险政策是一种我宁愿避免的痛苦，并且我经常听到保险公司拒绝赔付或是在索赔政策上大做文章的报道。

从非科学的角度出发，我拒绝购买所有种类的保险（包括人寿保险）。我认为我每年能在保险费用上省下 500 英镑。假设接下来的 30 年内，我每年都省下这笔钱，并将之投资到股市中获取 5% 的收益，那么因不购买保险而省下来的这笔钱在此期间将增值到高达 35 000 英镑。这正是 30 年内我将放在保险公司荷包里的金钱的价值。重要的是这些储蓄金并不能保证我不会发生事故或是能够防止我的车子被偷走。实际上，我承受的风险和保险公司预估的一样大。

我的出版商可能会在书的封面写上大大的"最终以专家意见为准"或是"不建议非专业人员参与"等免责声明，那么我在这里给出我的态度。你不应该拒绝为自己无法负担更换费用的物品支付保费，并且每个人的承受能力不同。几乎没有人可以承担房子遭受火灾的风险，所以人们应该为这种可能性支付保险（如果你无法负担保险，那么你也几乎不可能获得贷款）。大多数没有国家医保的人不能承受重病带来的灾厄，所以应当购买重病保险。许多人无法承担车子受损或是房屋受灾的风险，所以他们应当购买保险以防万一。但是大多数人可以接受自己的手机被盗或是飞机航班、假期被取消，抑或是电费上涨，因此他们无须为此购买保险。即便你确实需要为某些重要的物品购买保险，你也应当尽量获取高扣除额，以此来降低保险政策的费用。长此以往，不缴纳保险费用或是享受优惠的折扣会使你省下一大笔钱，高枕无忧不再是梦想。不过，你最好盯紧自己的手机，因为它是没有上保险的，这反而能降低你无意中将它丢失的概率。

　　这和许多人寿保险的情况相似。就拿年金举例吧。许多产品有投资成分，同时也有人寿成分。如果你处在你的死亡或是残疾将会给你的后代带来毁灭性财务危机的情况下，那么你购买这些保险就是合乎情理的。比如汽车保险，如果你或你的亲属无法负担相关损失，那么当然应该购买这项保险。能否承担相关损失因人而异，但是请谨记于心，对于保险来说，许多人追求的无形的内心平静是需要以有形的金钱作为代价的。请确保你所购买的保险物有所值。

第十四章/*Chapter Fourteen*

天启投资

本章处理极不可能的事。有人会说这是偏执狂，但是事情可能会变得多糟糕呢？我们的投资又会怎样？很明显，我们不知详情。我认为在我们所有计划都没有出现并且世界变得混乱的情况下讨论投资是很重要的。

不久之前一本由 Nassim Nicholas Taleb 所写的名为 *The Black Swan—The Impact of the Highly Improbable* 的关于2008 年金融崩溃的书出版了（Penguin，2008）。这本书在金融界引起了轰动。这本书的书名提到了天鹅是白色的这个常识。天鹅通常是白色的，而且这变成了天鹅的定义的一部分，那就是天鹅是美丽的、优雅的、白色的鸟。当一只黑天鹅现身时，天鹅观察界（如果有的话）会感到震惊和困惑。所有人都认为是理所当然的关于天鹅的颜色的基本认知瞬间遭遇了质疑。

Taleb 继续嘲笑金融市场中常用的风险参数。他说，如果你假设标普的年标准差是 15%，那么 45% 的下跌代表着 3 个标准差的变动；如果不存在偏态和厚尾（也就是说，与之前讨论的一样，大的变化发生的可能性比正态分布下更大），那么其发生的可能性大约是 0.14%，或者 700 年一次，而实际上每过几十年都会发生。我大大地简化了，但是我想 Taleb 会因为我在一个段落中包含了这么复杂的观点而原谅我吧。

我想表明什么意思呢？我认为这本关于投资的书并不是完全不谈论怎样思考并应对大多数人认为的不可能且无法接受的情况。我们已经讨论了世界上信用最好的政府的短期债券，而且没有证券的风险比它们更低了。但是，如果我们暂时允许存在社会彻底崩溃，政府破产，法律、秩序和产权被否定的可能性，那么情况会怎样？

在没有合适的理由的情况下，我们大多数人都很难想象全面崩溃的世界是怎样的。它让我感到奇怪，在 2011 年的电影《传染病》中一种致命的病毒在美国导致了 4 000 万人的死亡并使全国陷入恐慌，而主角却依然衣着洁净地驾车四处游荡。在如此状态下依然有正常营业的店铺和加油站吗？信用卡依然能够使用吗？电力和水呢？你能够从银行里取出钱，或者钱依然有价值吗？

　　我准备在讨论社会崩溃以及其后果时摒弃 Taleb 的逻辑。Taleb 讨论了"已知"的未知和"未知"的未知，而我的脑海里的基本结论是我们缺乏常识，更不用说那些超出我们想象的不可能的事情（自相矛盾的是，他建议购买政府债券以及看跌期权来防范这种情况，而同时假设功能完整的金融市场可以从灾难中盈利）。然而，即使在讨论高度不可能的事件发生的方式以及其后果时，在 Taleb 看来我也可能忽视了未知的事物就是如此，并且预测它是一定要做的事情这一观点。

　　我们如何从社会的投资角度保护自己和我们的亲人，确实在很大程度上取决于它是如何发生的。是因为我们艰难战胜的巨大的自然灾害吗？是战争吗？还是如同科幻小说情节一样的几个月就能抹除世界一半人口的疫情？

黄金作为安全手段

　　在市场崩溃的情况下，黄金的所有权意义巨大。在过去的几个世纪里，黄金无论是作为金条还是作为珠宝，都是极好的交易工具。在市场如此绝望以致你投资的 AAA 级政府债券变得毫无价值时，将黄金作为优良的对冲资产意味着经济的全面崩溃。我们都记得在第二次世界大战期间人们使用黄金和珠宝交换食物、庇护所或逃跑机会的让人心有余悸的故事。研究历史和担心这些事情再次发生的人认为持有黄金对他们来说有一定的保险价值。

投资黄金要谨慎。假设你通过金矿公司或者追踪黄金的ETF持有黄金。这些资产将会密切地追踪黄金的价值，而世界面临着动荡变化。在经济全面崩溃的情况下，它们对你有价值吗？可能没有。这取决于灾难没有摧毁股票市场的交易功能，而能够售出你的与黄金相关的证券并且帮你管理证券的银行还没有倒闭。

可能作为一个谨慎的投资者，你在某家保守银行的可以抵抗10个原子弹或者其他的邪恶灵魂引起的各种灾难的保险库里放着金条，但是同样地，这些黄金在我们需要的时候可能无法使用。银行会让我们取出我们的黄金吗？在世界都绝望的情况下，我们可以相信银行的员工不会为了养活他们的孩子而闯进保险库里拿走那些财宝吗？即使你能够去银行取出财宝，你可能也不会去。在一个全面崩溃的社会中，你可以想象一下在你从银行里取出金条时会发生什么。你可能毫无疑问地会在你出来后紧张地看一看你的身后，而离开银行后一路上警察的保护可能根本不存在。

如果不是黄金，那又是什么？

很明显，我上面描述的场景极度不可能。这种重大灾难在 20 世纪也只发生了几次，而且也不是全世界都同时发生了。当然，那些陷入战争恐慌或混乱中的人会发现其他地方的情况更好，而他们则被迫应对他们面前的困难。如果你不能变现证券的价值或者从银行保险箱中取出财物，那么在社会崩毁得如此彻底的情况下，我们每个人可能都要开始担心诸如庇护所、安全、食物和水的问题了。可能我们脑海里想的最后的一件事是如何最好地投资我们的资产。然而事实上拥有本书纸质版的人会将它烧了取暖并嘲讽大多数投资书籍认为理所当然的社会秩序和稳定。

在特定情况下，在大灾难时有历史价值的珠宝是极好的保值工具。不过，它容易偷窃、隐藏和运输。因此，和黄金一样，我提醒你不要存放太多的珠宝在家里：盗窃风险会很快抵消持有它们的收益（我的妻子认为珠宝是保存价值的好工具，并且鼓励我去购买）。

尽管因为低流动性而没有即时用途，但房地产在某些情况下是一种好资产。排除作为可耕土地的收益，当危机过去法治重新恢复正常时你还可以主张自己的资产所有权。与公司股票在公司不复存在时一文不值不同，房地产可能会保有部分价值。

最后，持有广义的多样化投资组合有一定的保护作用。尽管上面讨论的情景都是灾难性的，但是有可能投资组合里的部分资产会保存下来并且具有一定的价值。在高度相互联系的世界里，理性投资组合具有高度的地理多样性并在不同的地方如澳大利亚、巴西、加拿大、欧洲、美国、中国、日本等地持有公司证券，当灾难袭击了你在伦敦的家时，这些资产依然保持着部分价值。当理性投资组合里的所有资产都没有价值时，灾难可能已经同时袭击了全世界。[①]

2008 年和 2009 年的事怎么会发生？

以上疯狂的故事想要说明的一点是绝望时最好的投资取决于你对绝望的定义。如果你将 2008 年发生的事定义为极度绝望，那么 AAA 评级的政府债券就是一种绝佳的价值保管物。事实上，事情可能比 2008 年更糟糕，但是依然可以购买政府债券。虽然我关于社会崩溃的建议看似危言耸听，而且看起来像一部

---

①　很多世界股票投资组合里的公司都持有大额的净现金（在写作本书时苹果公司持有超过 1 000 亿美元的现金），而政府则典型地持有大笔的净负债。在一个非常令人讨厌的世界情景中，这些持有的现金可能是非常宝贵的，并且比大多数政府存在的时间更长。为了保证你持有这些标的资产，你必须有实体 ETF 而不是虚拟 ETF，而此时你与发行者一样承担信用风险。

糟糕的科幻小说的场景，但是如果我们谈论的是极端的"黑天鹅事件"，那么传统思维就必须被摒弃。

我记得在 2008 年 10 月和 2009 年 3 月与一些朋友谈论过金融机构的崩溃，想要度过这个混乱的时期。我记得某个时间听到过以下开玩笑的话："如果事情变得更糟，马上就会发生战争。"其时，我一直在偷笑。世界陷入恐慌模式的速度如此之快以致令人恐惧、发人深思，即使完全没有战争、疫情或者自然灾害的苗头。这次危机是由我们每个人都曾通过创造、购买次级贷款及其衍生产品，制定游戏规则，忽视疯狂无脑的信用膨胀参与建设的"纸牌屋"的倒塌引起的。［我推荐 Tetsuya Ishikawa 的 *How I Caused the Credit Crunch*（Icon Books，2009）。Tetsuya 在危机时深入接触过高盛和摩根，写了一本关于金融危机的有趣的书。］

尽管事情发生在 2008—2009 年危机最糟糕的时期，但显然情况可能更糟。毕竟，当时金融市场功能依然完备，没有政府违约（事实上它们已经在监督大规模和必要的救助），没有恶性通货膨胀和战争威胁，也没有扩散的内乱。

现在假设世界并没有从 2008—2009 年危机的最黑暗的日子里恢复过来而是一直在向坏的方向发展。我们的金融系统可能已经全面崩溃。银行难以继续营业，至少未以我们今天这样习以为常的方式运营。你的保险可能因为承销商的破产而一文不值。世界上很多国家的政府因为无法偿还到期的短期债券而违约。可能没有人有流动性来购买负债。

没有完备的金融机构，交易和商业活动会完全停滞。如果没有方法获得报酬，那么你怎么会将货物送到商店？类似地，加油站可能也不会营业，公共交通会变得一团糟。一个朋友告诉我英国只有在通常消费的模式下的三个月的食物储备和六个星期的燃油储备。个人工资的降低和商业的停滞（没有销售税或增值税）将会导致税收收入进一步下降。税收收入的降低以及不能对短期债券进行融资将会导致政府大规模削减开支，包括福利、养老金、教育和医疗经费。预测到未来的情况不佳后，政府将会增加警察和军队的开支。因为无法获得融资，政府可能开始发行 IOU（欠条），但是它们可能很快就失去信誉，因为很明显它们的偿还前景不佳。

政府大规模削减开支的主要利益受损者将会变得激动，从而内乱将会爆发。在世界上相对正常的国家，我们已经看到了政府削减开支引发的内乱或大规模抗议事件，而且我刻画的情况要糟糕得多，甚至可能产生更广泛的骚乱。这可能引起任何人的猜测，但可能没有什么好的。社会上的所有基础设施都会承受巨大的压力。

我上面描述的情景可能在我有生之年都不会发生，但是在我孩子或者孙子的有生之年我却希望发生一次。在本章中我想强调的是在我们的投资生涯中有一个灵活的大脑去考虑所有的可能性比什么都重要。问题是：至少在西方世界，在我有生之年里都看不到的社会全面崩溃的情况下，我们应该如何考虑投资？这包括财产所有权不再有效，没有警察，货架上没有食物，你的钱一文不值。

正如我所看到的那样，理性投资组合在世界上几乎所有国家都是优越的，除非世界没有产权，世界上所有投资资产都毫无价值。根据一份非常不科学的社会崩溃程度的排名，这里提供一份关于你应该持有什么资产的建议①：

- 取决于崩溃的级别，非本国的 AAA 评级的政府债券可能依旧安全（评级可能不再是 AAA）。

- 在糟糕一点的情况下，我们可能想持有一些如房屋或地产之类的固定资产，而且因为世界不会同时崩溃，所以广义多元化的类理性投资组合可能还保有部分价值。

- 在更加糟糕的情况下，财产所有权毫无意义，我们可能需要持有一些高价值的容易隐藏和转移的黄金或珠宝。

- 在完全崩溃的情况下，我们需要庇护所、安全、食物和

---

① 像比特币这样的虚拟货币/商品在未来可能作为黄金的替代品为你提供金融庇护。这些货币依然处于早期阶段，但是一旦它们被确认为可以安全存储的资产，它们的价值就将会在金融市场混乱和压力下急速增长，对此我毫不意外。但是我要提醒你被黑客攻击的风险（特别是在法律缺失的时候），以及是否有足够多的方式实际使用比特币，如付款、购买货物，或者将其兑换为你需要的（普通的）法定货币。

水。还有就是枪支弹药。如果你倾向于认为这在不久的将来可能会发生，那么你可以用谷歌搜索"准备者"（preppers）一词并寻找世界上其他正在为世界秩序崩溃未雨绸缪的人。从个人来讲，我认为他们是偏执而疯狂的，但是他们可能认为我过于幼稚。

拒绝欺诈

与上面讨论的广义的灾难不同，对有些人来说像伯尼·麦道夫这样的欺诈者已经变成了噩梦般的存在。

很多关于投资的书都谆谆教导读者如何避开麦道夫这样的人。麦道夫是金融界最糟糕的一个反面典型。他从信任他在赚钱的人那里偷取资金，当他过上高人一等的生活时留给人们的是破产。

我有几位投资者被麦道夫骗局伤害到了。因为了解这些投资者，所以我可以说他们并不是幼稚的傻瓜，而是精明勤奋的经理。他们依然被这种后来被证明是欺诈的产品所吸引，这提醒了我，很少有人能够完全免疫而不成为这类金融欺诈的受害者。

尽管应该有措施和预防手段来避免麦道夫骗局再次发生，

但是毫无疑问，有人正在精心地复制着类似的产品。每一次都会有所不同。国际金融越来越复杂的结构使得这种愚弄投资者的可能性越来越大。

我没有保证拒绝欺诈的办法，但是本书建议的指数类型的投资能够最小化这种欺诈的可能性。我们不会自作聪明地付钱给中介机构。我们认为它是无用且昂贵的，我们相信市场可以找到最高价值的证券。大多数被欺骗的都是那些认为可以利用其他人的钱来获得高额利润的人。我们不会将我们的钱委托给他人并让他们去创造奇迹。我们不认为他们可以做到这一点。

当然，像 iShare 或 Vanguard 这些产品供应商或者执行经纪人或保管人都有可能是欺诈者。最终一切皆有可能，但是在我看来，这类简单结构的公司实施欺诈的可能性特别低。对于它们，并不是一个明星经理就可以做全部的决定。大多数人可能都经历过欺诈，因此更有可能发现类似麦道夫这样的骗局。如果你想预防这类极度不可能的事情，那么我建议你在不同的产品供应商、产品、经纪人和保管人上做好多元化。

第十五章/*Chapter Fifteen*

金融方面的愿望单

令人沮丧的是，与投资者接触最密切的银行、指数追踪专家与财务顾问不会向投资者介绍一些简单好用、能帮助其做出决策的投资工具。一些时候投资机构宁愿卖出高利润产品，也不愿意向客户推荐最便宜简单的产品。在一些时候我认为正是缺乏规模经济或者产品的利润太低使得投资顾问不愿意提供投资者本应选择的简单投资产品。

本书介绍的投资组合已经相当简单了。通过创造一种将最低风险产品与全球股市、其他债券相结合的投资组合，投资者可以做得很好。调整这项投资组合使其与自己的风险水平相适应，并且注意优化节税的方法。我认为若能做到以上几点就足以比大多数投资者更出色了。

所以我们到底需要什么样的信息或是工具来达到上述要求

呢？现有的工具已经足够我们应对所有需求了，但是一些其他东西可以帮助我们找到更为适宜的理性投资组合。

增强型独立比较网站

首先我们需要一个方便的地方让我们找到可投资的产品并弄清楚其费用。在第十二章我们详细讨论了终端投资者现在可以投资的大量指数相关产品。这是一件好事。但是选项的增加同时也会使投资者困惑：什么才是最好的产品呢？我们应当建立一个可以比较不同产品的网站。这个网站当然需要根据投资者所持有的不同类型的货币、税负状况以及流动性进行分类。特别是持有非主要货币的投资者，他们觉得自己的投资选择相当受限，但事实并非如此。

简而言之，比较所有指数追踪型产品的费用并普及风险承担的知识没有看上去那么简单。一个大型、独立并且值得信赖的网站对投资一族来说将是相当宝贵的资源。当然，这个网站必须颇具规模且收费低廉，为保证其独立性，其资金必须来源于投资者。一个由投资者保证其资金来源的网站不会像经济顾问那样推荐某些公司过于昂贵的产品。①

---

① 我确定一些人会说："那些网站是存在的。去 XYZ 网站看看吧。"可能如此吧。我的意思是如果有些人像我一样在过去数十年不熟悉这些产品，那么它们还有改进的空间。我很乐意讨论这些网站——可能在本书的下一版。

风险专家

可能作为增强型比较网站的补充或是一部分，一个细节讨论不够充分的投资网站仍然不足以支持投资者做出风险方面的决策。这几年我见过的调查里，投资者风险几乎是默认为已知或是仅仅列出几个简单的问题就草草了事。我仍然记得以下问题："你是否偏好风险。请回答是或者否。"这也太敷衍了。

投资者应该对市场风险熟稔于心。这包括非常普遍的问题："你若损失 25% 的投资会怎么样？"你必须能够对后续可能的变化进行详细的解释。这里应当使用数学与科技工具进行更为深入的探讨，同时也可以用 Taleb 的黑天鹅理论进行相关讨论。你应该审视与你的投资组合相似的流动性风险，同时还要考虑市场不景气、成交量寥寥无几时，抛售你的房子会对你的财务状况造成什么影响。虽然这看起来像是事后诸葛亮，但是我认为现在没有足够的信息支持投资者做出判断。

风险认定需要与投资者给出的信息相结合。你作为投资者愿意给出的信息越多，你会得到更为详细的分析。这可能包括养老保险年限、其他资产、潜在债务与税负，也有可能包括更为复杂的细节。如果数据能够得到恰当的保护与信用保证，那么风险评估会涉及你的工作、受教育程度、贷款情况、生活水平、家庭财富状况、税负等方面的数据。上述信息只需要点击几下鼠标就能进行授权。毫不夸张地说，我不怀疑未来咨询界会给出客户想要的答案。正确的行动会使客户得到更多信息与指导。

政府与管理层应当做得更多，而不是在其内容贫瘠、无人访问的网站上徒费精力。它们应当提供基于网络普及投资风险的工具，同时也应当可以对私人网站给出的信息进行再次确认。通过它的社会关系网，政府是投资者的最后一根救命稻草，因为他们可能并不理解所购买的投资产品的风险。

税负建议

正如应当有基于网络的服务帮助投资者搜寻最为便宜的指数型风险敞口，同样应该有提供税收筹划建议的优秀网站。私人银行与顾问经常为此困惑不已。不管给出怎样的投资建议，他们总是乐于指出自己不会给出任何税务上的建议，投资人得询问法律顾问。我发现这实在是太无趣了。我曾经与税务顾问探讨过几次税负问题，最后也是不欢而散。所以，我对他们敬而远之。

我怀念从前的一个网站，它经常会提出关于理性投资组合中指数追踪型产品的简单建议。有时候简单得就像是："我是一位丹麦的公民，生活在英国，税基是 X，期望收益为 Y。我应当购买哪一种指数风险敞口？有什么其他工具能够帮助我节省我的税负呢？未来什么可以改变我的经济状况呢？"

可能我把事情弄得太简单了，不过我认为许多人没有使自己的投资税负最优化，仅仅是因为他们缺乏一些基本常识。税收政策频繁变动也使得时间都被花费在上述投资税负最优化的咨询服务上。

有些时候投资网站上关于税收的简单建议仍然不完整，这时候就得征求通过了认证的税务专家的意见了。

定制化

我们已经讨论过应该如何从整体来看投资生涯（见第八章）。当我们考虑风险与投资组合时也得分析自己的非投资资产与债务。如果许多非投资资产与我们所生活或工作的地域挂钩，那么减少在本地的投资是一种明智的选择。

正是因为这种想法，现在兴起了几种能够提供风险敞口的 ETF 产品，比如 The World ex-US 或是类似的产品。这些确实是值得考虑的优秀产品，但是不能止步于此。鉴于国际 ETF 是标的国家风险敞口的整合，因此没有理由不把你的投资组合"剪裁"得更为便宜。你可能想要购买全球股票，除了南欧。这时你应该剔除那些你不想要的国家的股票，并且就此结束私人定制的全球股市风险敞口。这种特殊规划的风险敞口将会使其更为符合整体资产的要求。由于购买想要的每个国家的 ETF 过于费时费力，因此这种服务现在已经提供了。私人定制化也可以允许你根据地域选择税负最优的产品以保证整体组合的税费最低。

根据你的定制要求排除的国家和地区，对某些研究者来说会很有趣。作为一个投资者，你可能在 IT 方面具备一定的风险敞口，因此不想将其包含在你的投资组合之中。但是你仍然想投资除了 IT 以外的其他领域。正如上文所述，这种定制化的风险敞口没有理由不便宜或者节税。你仍然在其他国家购买相同比例的标的股票，只不过排除了特定地区而已。

使用说明与成长规划

我的外祖父在南西班牙度过了他人生的最后 25 年，直到 20 世纪末逝世。他手头上有些闲钱，又有时间，于是他热衷于投资股票市场。他热爱阅读《先驱报》及其他杂志。不幸的是，像其他在那里生活的人一样，我外祖父的房子里没有电话。即便在 20 世纪 80 年代，我们还得给外祖父当地的邮局发电报，然后当地的邮递员才会把消息送到。

外祖父经常会在与顾问协商之后购买股票。他们会碰头好几次，把以往的投资组合的变化分析一遍，然后决定什么股票值得购买。佣金是交易额与手续费之和的1％，在那时算是相当高的了。

我仍然记得在1987年熊市时拜访外祖父的情景。他会先收听金融相关的电台节目并且学习《先驱报》上的几篇文章。他试图让他的投资顾问谈谈对于经济崩溃的看法，不过他们俩似乎并未达成一致意见（那时房子里已经有电话了）。

现在看起来，我的外祖父的投资生涯十分非理性。他离具有优势还差得远，而且咨询投资顾问产生了不少费用，不只是佣金，还有交易成本、保管费用、货币兑换费用甚至是电话费。我猜想外祖父每年在核算股票是否赚钱之前，得为此掏出组合中的4％到5％来支付这些费用。即便是沃伦·巴菲特也没办法弥补这些费用的支出。

从我外祖父开始投资算起，这个世界在过去几十年里已经有了巨大的变化。在目睹他如何应对1987年股市崩盘十年后，我在为纽约的对冲基金工作，使用互联网收集数据、时事新闻与上市股票信息。十年之后，所有热衷于投资的人都能够利用互联网、在线研讨会、推特、博客、留言板、热点新闻，相比之下交易要方便得多。

十年之后再看外祖父的故事可能更觉得其不理性。我认为彼时国际资本流动的阻碍更小而且甚至更多投资者不会局限于他们当地的市场。总而言之，对于投资者来说全球市场会更为便捷。希望指数追踪型产品可以满足他们的需求，能够用更加适合各个投资者需求的产品进行回应，并且降低价格以方便比较。对个人投资者的风险评估应当更为准确，关于税务的建议应当整合进入产品的描述之中。这可以在网络上进行，每一位投资者都应该拥有一种类似于 facebook 的独一无二、安全保密的投资生涯概况。这最好整合投资者的方方面面，包括私人定制组合，或是相关信息的注意事项。我不知道这会如何完成，但是投资者最后会非常高兴，当然，我也是其中之一。

第十六章/*Chapter Sixteen*

总　结

这是一本解密投资并使之简化的书。当你接受了你没有击败市场的优势的现实时，投资的最好方式就显而易见了。在这个阶段我希望你同意这一点。

你现在可能处于关键的拐点。现在是你必须按照书中建议继续前进的时候了。这是一个关键的交汇点，因为惯性会使我们许多人把这本书置之一旁并立即忘记它，或者只是在我们的脑海中存储了一些令人难忘的观点或轶事作为未来的谈资。有点像我读到关于合理饮食的文章时，我倾向于认为其所说的是有道理的，必须去做，从明天就开始，然后再给自己一杯咖啡和一块巧克力，并迅速将其遗忘。

不要像我一样。行动起来——从长远来看，你会好得多。

下面是一些你现在要做的事情的清单。

现在要做的事情的清单

● 考虑一下你是否有优势。对大多数人来说，在大多数领域，都很可能没有。如果你到此为止并且接受现实，那么这对你未来的投资决定益处很大。但请继续前进并实施合理的投资组合。

● 考虑一下理性投资组合的组成模块——最小风险资产和全球股票——以及它们的意义。对所有的理性投资组合投资人来说，组成模块都是一样的，在它们之间做一个合适的分配将会带给你最好的投资组合。

● 考虑一下你的境况和风险偏好。你现在处于什么年龄阶段？你可利用的时间范围是什么？你是风险爱好者还是风险厌恶者？你应该根据你的风险偏好对组成模块采用不同的比例。如果你不能承担风险，则将所有的资产都投资在最小风险资产上；如果你能承担很大的风险，则全部买股票。

● 考虑一下在你的投资组合已经确定的情况下的非投资资产和负债。你是否因为自己的资产过度集中而冒着所有事情会同时变坏的风险？一个广泛的多元化的理性投资组合可

以弥补这个问题。

● 考虑一下税务。你可能已经在减少投资成本中这么做了。在英国可能是 ISA（个人储蓄账户，Individual Savings Account），或者是其他的有税收优惠的养老金，但是也有一些其他的机会。在此有一个相关方面的专家可能会更好。

● 无论如何，以尽可能便宜的价格购置自己的投资组合并减少交易。长期来说，仅仅是这一点就对你有好处。在你睡眠的时候，你就会变得比你不这么做更富有一点。

● 在 Kroijer.com 网站上有一些关于本书的视频。如果需要，可以观看并分享。在这个网站上会有关于本书的一些思考和更新，你也可以关注我的 Facebook（Lars Kroijer）和 Twitter（@larskroijer），我会让你及时了解新的发展和思路。

我们的理性投资组合享受到了传统投资方式的大多数好处：

● 我们更接近于理论上最好的分配方案，因此有一个好的风险/收益的开始。

● 我们便宜得多。费用复合累计的拖累使得从长远来看，积极的投资方法很难打败我们。

请遵循本书的建议。你的投资将没有投机的部分，这将让你可以睡一个好觉。

附　　录

致勇者：投资组合理论和理性投资者

写关于投资组合理论的内容可能比阅读相关内容更加无趣，但是这部分的内容十分重要。如果你对本书之后的理论感兴趣，请读下去。你应该知道本书的投资方式和投资组合结构并不是我提出的。它是关于相关主题的实际操作与最新理论结合的产物。在现实中遵循优化的投资组合理论可以发现最优的投资组合，而且这对那些在市场中没有优势的人来说是简单而有逻辑的。

投资组合理论的基础是你有无风险的资产并可以与一系列其他的资产进行组合。这些资产的不同组合形成了不同风险偏好的投资组合。你可以通过最好的投资组合在自己的风险偏好上获得最佳的期望回报。

假设一个你只能在两种投资之间做选择的场景：无风险投资和 A 投资。因为我们知道无风险投资的回报（否则就不是无风险了），所以我们可以在一幅简单的图上画出两种选择（见图 A-1）。

在无风险投资和 A 投资之间的线代表了两种投资不同的比例：从 0∶100（全部是 A 投资）到 100∶0（全部是无风险投资）。

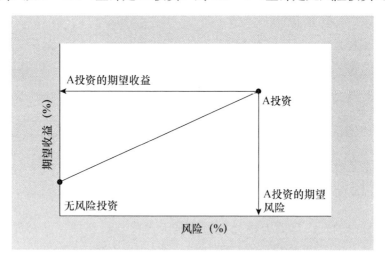

图 A-1　两种选择的简单风险/收益图

在学术理论上，无风险投资通常被认为是美国短期国债。在实践领域，美国政府一夜之间违约的风险为零，因此是无风险的。美国短期国债提供的回报被称作无风险回报。如果你不想承担任何的投资风险，那么你可以选择美国短期国债。它的最低风险使你只能期望最低的回报，因为世界上没有免费的午餐。

当然，现代社会"无风险投资"听起来像一个矛盾的词。在写作本书的时候，美国、英国和法国政府的信用评级被从最高级降级了，金融报刊充斥着政府负债和赤字的流言，而最高评级发行者的数量从 2007 年开始不停地减少。与之相反的是 2007 年之前投资者的表现好像任何东西都是无风险的，但这是另一个故事了。[①]

A 投资可以是任何东西。如果假设它是微软的股票，那么 A 投资的回报比无风险投资高，但随之而来的就是风险。风险越高回报越高。同样，没有免费的午餐。

如果你不想承担风险，则请全部选择无风险投资，而如果你能承担更多的风险，则买入 A 投资。如果你选择两者之间的风险，则将它们组合在一起。

增加资产

我们选择引入另一种投资 B。与 A 投资相同，B 投资有自己的风险/回报特征。重要的是，A 和 B 价格的变动并不是完全独

---

① 关于投资组合理论和最小风险资产的重要内容将会稍后讨论。最小风险资产并非完全没有风险，它与 A 投资之间的线并不是直的，而是曲线。它取决于最小风险资产和 A 投资之间的相关性，可能最低风险的组合并不是 100% 的最小风险资产，而是有部分 A 投资。为了简化的目的，我舍弃了这种可能性。

立的，两者之间具有相关性。请记住这个词——相关性。它是世界金融领域最重要的一个词，也是使用最频繁的一个词。

相关性界定了A与B之间相互联系的程度。如果相关性为零，则它们之间毫无联系；如果相关性为1，则它们的波动完全相同。如果A上涨，则B也一样。若不考虑过度简化复杂的统计数据导致的误差，则一个股票市场内的股票之间的相关性为0.5～0.9，尽管相关性随时间不断变化。这意味着所有的股票都会朝同一方向波动。微软和苹果之间有较高的相关性，而微软与小麦之间的相关性较低。两个投资之间的相关性越低，比起只投资一种来，投资两种获得的多样性收益越高。

在图A-1中加入B投资的可能性就得到了图A-2。

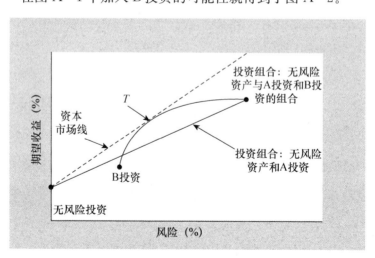

图A-2　增加第三种选择

　　A 和 B 之间的线不是直的——这是因为我们假设 A 与 B 具有相关性，并且我们受益于投资的多样性。不同于直线，A 和 B 之间的曲线代表了 A 和 B 不同的比例。

　　我们可以将无风险投资和 A 与 B 的组合进行再组合（A 和 B 之间曲线上的点）。同你将在图 3－5 中看到的一样，如果我们从无风险投资点画一条曲线的切线，交点就是 T 点。T 点被称作切点，而无风险点到 T 点的直线被称为资本市场线。请看本例子的图，T 点大约是 40％ 的 A 投资和 60％ 的 B 投资（T 点更靠近 B）。从图中同样可以看到，如果你选择 T 点或更低的风险，则你可以获得 T 点组合与无风险投资组合的最高期望回报。

　　如果我们想使投资组合的风险比 T 点更高，那么最好的方法是使用杠杆。在这个例子中即以相同的比例增加对 A 和 B 的投资。通过增加杠杆并买进 T 点代表的组合①，我们能够获得比只通过增加 A 投资增加风险时更高的回报。你可以看到切线在 T 点之上的组合只增加了 A 投资。

————————

　　①　杠杆投资组合假设我们能够以无风险利率借钱投资在 T 点的组合上，而我们做不到。事实上借钱的成本会更高，反映在图上即曲线会向 T 点的右侧移动而不是左侧。如果你不愿意或者没有能力借钱，那么比 T 点风险更高的最优投资组合将会一直增加 A 投资，反映在图上就是曲线从 T 移向 A。

优化市场——最小风险和最大回报

前文所述看起来都是抽象的并具有较强的理论性，但我希望展示出其对理性投资者的影响是多么简单明了，因为市场的联合力量已经为你完成了这项工作。

将上面讨论的理论拓展到全部的市场，组合是无穷无尽的。将成千上万的投资组合在一起就形成了图A-3的内容。

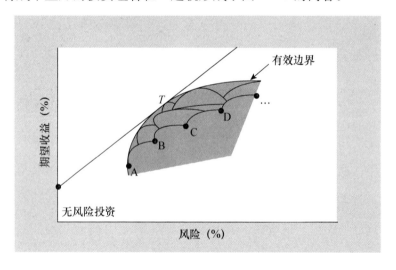

图A-3　组合多种投资

如图所示，新的切点 *T* 代表的投资组合不再是两种证券而是不同组合的组合。通过组合不同比例的证券，我们能够得到阴影部分代表的所有的投资组合。由于我们追求的是相同风险下的更高回报，因此我们选择的都是边线上的证券组合。在投资组合理论里，这条曲线被称为有效边界。这条曲线告诉我们在任意给定的风险下，市场都可以给出期望回报最高的证券组合。而且通过将有效边界上的点（T 点）与无风险投资组合起来，我们可以在任何风险下创建具有最高期望回报的投资组合。

我想，一些年长的经济学教授可能会对上面简化的图形和冗长的数学公式的消失感到震惊。如果你对这个投资组合理论背后的数学和理论感兴趣，那么请参阅 Edwin Elton 所写的优秀教材 *Modern Portfolio Theory and Investment Analysis*（John Wiley & Sons，2003）。

废话连篇

对于投资银行，我最不喜欢的一点是它们创建的长达 50 页的预测公司和行业业绩的 Excel 模型。除了简短的分析报告之外，我们通常没有什么可以用以进行预测的，我们用分析报告来推断各种数据以获得花里胡哨的 5～10 年的预测结果。我们可以称它"废话连篇"，因为金融模型取决于我们做出的假设。

和投资银行的金融模型一样，最优投资组合理论需要正确的假设。你可能已经注意到了这个理论在单个证券的期望风险和回报之间的相关性方面有多么谨慎。有效边界和切点的概念也因此而被提出。你也可以花 50 英镑购买软件来帮你做这个分析。但是世界不可能这么简单。询问 10 个市场参与者苹果公司股票的风险和回报，以及其与微软公司的相关性，你将会得到10 个不同的答案。现在针对所有的上市公司股票问相同的人相同的问题，他们会认为你疯了——对多个包含不同股票的投资组合进行这样的分析是不现实的，而且期望的风险回报和相关性一直在变化。它就是不可能完成的任务。

简单而有效的捷径——随大流

但是，有一件好事。如果你充分相信市场，那么你不需要担心如何运用投资组合理论，也不必费力搜集海量的关于相关性和风险回报的资料。市场上"看不见的手"已经为你完成了这项工作。我们不认为我们根据市场信息有比市场本身这一投资组合更高的投资回报率。购买市场上全部的产品意味着购买切点 T 代表的投资组合。

对一些人来说，假设资本在各个国家和行业之间可以无障碍流动，从而能够在世界市场上得到有效配置似乎过于大胆。但是我们的问题是：与数百万的投资者数万亿美元的投资不同，你想要将资金配置在哪个国家/行业/公司，为什么？要接受国际性的投资比只投资在单个国家可以带给我们更多的选择和更好的多样性，我们必须弄清楚在这些选择中如何做好分配。如果我们根据相对市场规模以外的其他因素选择国家/行业/公司，那么我们基本上是在声称我们知道比市场更多的东西。[①]

你当然可以不同意所有的内容并宣称"无论市场怎样，微软明年将上涨 20%，而且我发生错误的概率几乎为零"。你当然有可能是对的，但是你同样因为知道市场里其他人不知道的而认为自己有这种优势。一直这样做可以使自己富有起来。

回到只有无风险投资和 A 投资的例子中来，这是我们结束的地方。如果我们用全球股票投资组合替代 A 投资，用最小风险资产替代无风险投资，那么我们就从投资组合理论进入了可以实施的现实世界的投资。随后我们可以看到最小风险资产取决于你的投资的基础货币。

图 A-4 中 A 投资由来自全世界的成千上万的股票组成。通过将最小风险资产与 A 投资（全球股票）以不同比例加以组合，我们可以更有效率地选择具有不同的风险/回报特征的最佳组合：从最小风险到全球股票的风险，如果借钱的话，则风险更大。T 点即切点，代表最优投资组合，我们不可能通过重新配置得到具有更好的风险/回报特征的投资组合。

---

① 在此我们假设资本在国家和行业之间可以自由流动，这是一个日益合理的假设。

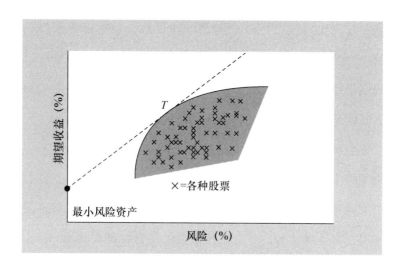

图 A - 4　组合最小风险资产和全球股票

之后，当我们增加政府债券和企业债券时，我们会发现与增加 B 投资的图形相同。当投资组合的复杂程度提高少许时，其他政府债券和企业债券就会改善整体投资组合的风险/回报情况。

最好的理论与实际的投资组合

理性投资组合是妥协的产物：一个理论世界的产物与现实可行性的妥协。在理想（理论）世界我们应该只持有全球性资产的一小部分以获得最大的多元化回报。这在现实社会当然是不可能的，但是理性投资组合是一种能够实施的简化。因为理性投资组合的不同资产有着能够对活跃且具有高流动性的几千种不同的证券定价的市场，所以我们不需要专门地在市场中进行选择。而且政府债券、股票和企业债券很好地代表了全球性资产，一个包含这些资产的投资组合是对理想追求的很好的简化。市场力量对单一证券进行定价是可以接受的，但对整个证券市场进行定价必须与该类资产的风险/回报特征吻合。因为股票风险更大，所以它的期望回报更高。对于理性投资组合之外的其他投资，并没有一个高流动性的充分的市场来为其定价，所以没有一定优势的人没有办法通过购买所有不同种类的资产来获得期望的总体风险回报。

所以，成为理性投资者并没有理论上的不一致。我们不可能比市场更加清楚不同证券的风险/回报特征，也不知道它们如何变化。通过对证券的定价，市场可以有效地综合成千上万的投资者的看法并呈现给我们几乎是现实情况的市场结果。

什么是市场？

谈及股票时，通常说的市场是你所在地的股票市场。如果你以廉价的方式投资本地的指数，那么你比那些挑选单只股票或互惠基金的人做得要好，但并没有达到最好。你可以在更广的地理范围内按价值比例选择全球股票市场。

只有上市公司股票吗？

为了简单起见，我们提到的市场指的是上市公司股票市场。如果你以廉价并兼顾税收效率的方式投资最小风险资产和国外上市公司股票，那么你比大多数人做得都要好。如果你想要复杂一些，那么在投资组合中增加其他政府债券和企业债券会有很多好处。

总　结

- 市场"看不见的手"在调整可投资资产的价值。我们应该为这种简化欢呼，并购买整个市场。我们不认为自己可以通过调整证券的比例实现更好的风险收益。

- 通过组合全球股票和投资最小风险资产来匹配你的风险偏好。

- 市场对你来说只意味着各种股票，但是增加其他的政府债券和企业债券意义更大。

通货膨胀保值债券

通常人们所说的债券收益率指的是名义收益率。名义收益率包含实际收益率和通货膨胀率。（如果一只债券的收益率是 2%，那么意味着每 100 英镑的债券可以获得 2 英镑的收益；如果假设通货膨胀率是 1%，那么实际收益率只有 1%。）所以，投资者要知道，大多数债券不光有利率风险，还有通货膨胀风险。为了消除对通货膨胀的担心，有几个国家的政府开始发行通货膨胀保值债券，这种债券使得购买方能确定所获得的真实收益率。通货膨胀保值债券通过与通货膨胀指数锚定来运行，实际运用的通货膨胀指数在美国是消费者价格指数，在英国是零售价格指数。因为这些指数随通货膨胀率的上升而变大，所以你借给政府的钱的数额也随之增加。

　　自英国政府 1981 年开始发行这种债券以来，虽然其市场呈现爆炸式增长，但还是没有常规债券普遍：这种债券大约有 1.7 万亿美元，而政府债券大约是 40 万亿美元。这种债券是一种有趣的发明，它使得投资者可以避免债券市场固有的通货膨胀风险，我建议美国和英国的投资者特别慎重地考虑一下。

　　通货膨胀是很多储蓄者需要担心的威胁，而这种新的债券能够消除这种担心。尽管购买该债券后你仍然需要承担利率风险并将成熟期与投资组合相匹配，但是你至少将通货膨胀风险转移了。

　　在最近发行的通货膨胀保值债券中，部分发行商发行的债券的利率是负的。想象一下，你借给某人一笔钱，特别是长期借款，他承诺还回来的钱比你借出去的能够购买的东西要少。这看起来很疯狂，但这是我们这个世界的现实。这并不意味着这些债券不值得持有，只是因为利率现在很低，而持有它可能成本很高。

标准差

表 C-1 告诉你你损失金钱的概率取决于股票市场的风险。标准差越大，损失大额金钱的概率越高。[①] 股票回报的标准差为 20％是一个合理的预测，但是标准差是不断变化的（见第六章的图 6-1）。表 C-1 告诉了你当市场偏离均值 1～3 个标准差时你可能的损失，如果市场的标准差是 15％～35％，则你将会有平均 5％的回报。

尽管更大的风险通常意味着更高的回报是显而易见的，但是标准差可以帮助我们量化它。不宜以手指天模棱两可地声称"一年损失 20％相当不可能"，如果我们知道了市场的风险有多

[①] 你可以在维基百科上查看与不同标准差联系在一起的概率，从而获得标准差的总体性解释。它同样展示了被认为是"钟形曲线"的正态分布。

表 C - 1   按标准差（SD）衡量的损失

	SD 的个数和股票的损失				
5.0%SD	1.00	1.28	1.64	2.00	3.00
期望回报 概率	15.9%	10.0%	5.0%	2.3%	0.1%
频率（年）	6	10	20	44	741
15.0%	−10%	−14%	−20%	−25%	−40%
20.0%	−15%	−21%	−28%	−35%	−55%
风险级别 25.0%	−20%	−27%	−36%	−45%	−70%
（SD）					
30.0%	−25%	−33%	−44%	−55%	−85%
35.0%	−30%	−40%	−52%	−65%	−100%

大，则利用标准差可以精确地计量它。更加精确的数字能够帮
助我们了解市场投资潜在损失的概率。

例如，如果你认为自己的回报的标准差是 20%，而期望回
报是 5%，那么有 15.9% 的可能性（或者风险，1 个标准差）
100 英镑的投资一年之后只收回 85 英镑（期望回报是 105 英镑，
但是在 20% 的标准差下，1 个标准差的损失是 20 英镑，使得最
终收回 85 英镑）。如果我们设定标准差是 25%，那么有 15.9%
的可能性 100 英镑会变成 80 英镑。你也可看到 2 个标准差的发
生频率是 2.3%（每 44 年发生一次），而如果标准差是 25%，并
且我们不幸遭遇了 2 个标准差的偏离，则损失达到 45%（5% 的
期望回报减去 2×25%）。

这对你来说意味着什么?

回到图 6-1,你可以获得关于投资两个市场的风险的完美答案(看第六章)。(为简单起见,我建议用 20% 的标准差。)你可以承担这个风险并使用标准差表(见表 C-1)来衡量投资组合中股票部分出现不同程度损失的概率。尽管在此条件下使用标准差并不科学(我们不能完全准确地知道未来风险带来的损失的可能性到底是 15.9% 还是 2.3%),但在最基础的层面上标准差帮助我们了解投资组合里不同事情发生的概率,并帮助我们做出金融计划。

这看起来像金融巫术,但是你应该试图去理解它,它会告诉你你在股票市场上的投资的收益或损失。

标准差是有用的,但是很难做预测而且有一些缺陷

图 6-1 展示的股票市场巨大的风险波动表明,我们应该在精确衡量投资组合的风险时保持谨慎。

想象一下在 2008—2009 年的危机中增加的市场风险。如果你认为风险偏好与过去相同而增加股票资产的份额,那么你会

发现因为危机你的股票投资组合的风险远远高于平常。股票在危机爆发时波动性更大，它也是你投资损失最大的部分。如果你在危机最严重的时候因为风险增加而从股票市场转移，那么你就可能锁定巨额损失（可能当时是市场的底部）。为了避免发生这种情况，你必须在分配股票份额时谨慎保守以便能够承担突然的损失以及随之而来的必然发生的风险增加。

尽管标准差是一个有用的概念，它也并不是一个十全十美的风险测量工具。比如，它不能恰当地解决偏态和标普"厚尾"问题。这意味着很多从标准差看不可能的结果在现实中经常发生。这很重要，否则我们极有可能低估股票投资组合发生巨额亏损的概率。在写本书的时候，标普 500 的标准差大约是 15％；如果假设期望回报是 5％，那么 3 个标准差的损失将高达 40％（5％的期望回报减去 45％）。我们同样可以看到，如果盲目地使用标准差，那么前述损失发生的概率是 741 年一次，但是实际上每过几十年就会发生。

理解高度不可能发生的事件在现实中比标准差所揭示的发生概率高得多对考虑投资组合风险十分重要。巨额损失可能会发生，而且比简单的标准差所表明的更容易发生。虽然具体有多大的可能难以预测，但是必须做好准备，即使部分教材和金融实践者认为这个方法能够给出答案。

如果你对此感到困惑，那么请不要沮丧。你并不是唯一一个，直到几十年前学术界才开始正视这个问题。只需要记得标准差可以给你赚钱或损失以合理理由并帮助你计划投资组合，但是同样要记住不好的事情和巨额损失发生的可能性比标准差所揭示的要大得多，你必须做好充分准备。

在理性投资组合中增加政府债券

在你已经持有的最小风险资产之外在理性投资组合中增加政府债券有很多好的理由。尽管全球化日益深入，世界各国联系日益紧密，但债券投资组合在地理上可以更加多样化，这种投资组合的风险更低。图 D-1 展示了不同地理区域的政府负债的情况。

美国的负债最高，考虑到它的经济规模也最大，这毫不意外，但是日本紧随其后则十分奇怪。由于其超过 200％的债务/GDP 比率，日本已经陷入了深度负债，但结果却没有产生高的实际利率。[①]

[①] 在写本书的时候，超短期日本国债是基金对冲交易的流行模式，因为经理们认为这种负债规模不可能长久，但是根据我的一位日本对冲基金经理朋友的说法，这种争论并不新奇，而且在他看来这不是"灌篮高手"式的交易。时间会说明一切。

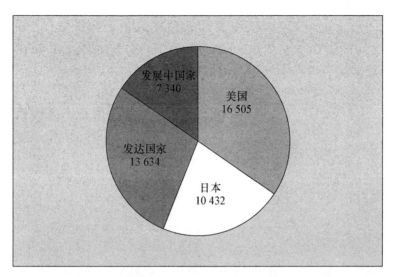

图 D-1　政府债务（10 亿美元）

资料来源：基于国际清算银行 2016 年第二季度数据（www.bis.org）。

相对于股票来说，通过增加政府债券，我们可以使投资更加广泛而便宜，并根据市场已经归属于各种证券的相对价值进行分配。但是你应该对它进行修改，但不要购买超过图 D-1 所示的政府债券的比例。[①]

在之前，我们已经了解到以合适的货币计价的高评级的政府债券为风险厌恶者提供了最好的投资工具，尽管利率非常低（在写本书的时候）。举例来说，如果我是一名正在寻找

---

　①　作为对"购买全世界"并不是对每个人都有效的第一直觉，要知道你的政府债券投资组合的一半以上都是日本和美国的国债。这不仅仅增加了一点点这两个发行者的集中风险，而且增加了货币风险以及这些债券真实的低/负收益率带来的最小真实期望回报。

未来五年风险最低的以英镑计价的投资资产的英国投资者，那么我应该购买五年期的英国国债（可能是通货膨胀保值债券）。

当考虑在最小风险资产和股票的理性投资组合中增加其他的政府债券和企业债券时，我们不应该盲目地增加世界上既有的全部政府债券（见图 D-2）。我们已经有了英国政府债券的风险敞口，那就不应该在投资组合中再增加了①，我们应该只增加

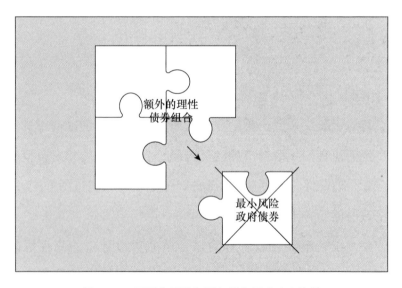

图 D-2　不要盲目增加更多最小风险政府债券

---

① 对这个论点的一个小小警告：如果你增加的最小风险资产的混合成熟期与政府发行债券的总体混合成熟期非常不同，那么就需要调整最小风险资产的配置。因此如果你的最小风险资产都是超短期的，你就必须提高股票和其他债券的比例，增持相同政府发行的长期债券也是合理的。

已经包含在投资里的最小风险资产。

从其他政府债券组合中排除最小风险资产多少会改变剩余投资组合的情况，而这取决于你的基础货币。如果你的基础货币是美元或日元，那么你应该减少 1/4 政府债券。相反，如果你的基础货币是丹麦克朗（AAA 评级政府债券），那么其对世界上政府债券投资组合的影响微乎其微。

如果增加期望回报，则只增加政府债券

我们之前讨论过因为通货膨胀，投资高评级的政府债券的投资者实际获得的可能是负回报，至少对于短期债券而言是这样。在写本书的时候，虽然有着 AAA 或 AA 评级的主要国家都为本国货币提供了安全的环境，但是其实际回报要么很低，要么为零，这些国家包括澳大利亚、瑞典、日本、德国、英国、美国，等等。

假设一个将美国国债包含在最小风险投资组合内的英镑投资者正在考虑往他的理性投资组合中增加其他国家的债券。他的美国国债几乎没有实际回报，但同样也几乎没有风险。如果他增加上述 AAA 或 AA 评级的国家的债券，则他同样没有回报，但是会有货币风险。因此他不仅不会因为持有国外债券而

获得更高的回报，反而会承担更高的风险。[1]

理性投资者因在他的投资组合里增加 AAA 或 AA 评级的政府债券作为最小风险资产而获得的回报非常低。如果他追求的是低风险投资组合，则他可能增加更多的最小风险债券（在这个例子中指的是美国国债）。如果他能够接受投资组合有更高的风险，则他可以通过投资股票或投资相比他的最小风险资产能提供更高的期望回报的其他政府债券来获得更高的实际回报。

一个关于在理性投资组合中剔除其他 AAA/AA 评级的政府债券的警告见图 D-3：如果你认为最小风险资产有信用风险，

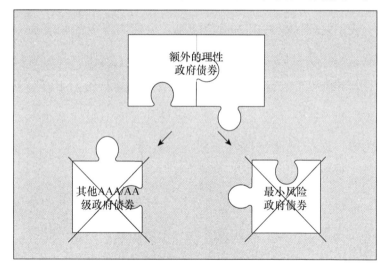

图 D-3 通常而言，不要增加其他 AAA/AA 级资产

---

[1] 当然有其他货币相对于英镑升值的可能性。如果你持有美国国债而美元相对于英镑升值，那么这些债券的英镑价值会更高。尽管在这个例子中这种风险同样会使你赚钱，但这不是你应该考虑的增加期望回报的风险。

那么在其他 AAA/AA 级债券上分散投资是合理的。例如，如果你是一名美国投资者而且不认为美国政府的信用完全可靠，那么你可以通过把投资分散在其他几种不同的 AAA/AA 评级的债券上实现多样化。尽管持有其他政府债券带来了货币风险，但通过这种多元化降低了你最小风险资产只有一名发行者的集中风险。[①]

我们应该往理性投资组合里增加的政府债券

如果上面看起来排除了很多政府债券，那么请记住你只是去掉了投资组合中已有的政府债券（最小风险资产）和其他不能增加期望回报的政府债券（但是有货币风险）。

在忽略了低回报的最小风险资产和其他 AAA/AA 评级的政府债券之后，你应该考虑加入投资组合的是能实际获得回报的政府债券（其他的）和企业债券（见图 D-4）。而且在此我们谈论的依然是几万亿美元的潜在投资。

剩下哪些政府债券可供你投资取决于你想剔除的债券的评级。如果你仅仅剔除 AAA 评级的债券而投资剩下的，那么其配

---

① 通过在最小风险债券中增加其他的安全债券，你同样把只持有一种货币的利率风险多元化了（你有不同收益率曲线的风险敞口），尽管这意味着它将连同其他政府债券承担相应的货币风险。

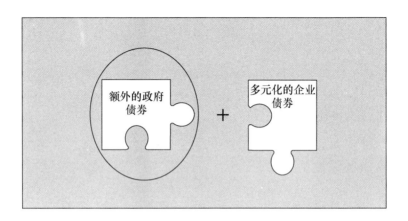

图 D-4　将产生实际回报的政府债券添加到投资组合中

置如图 D-5 所示。

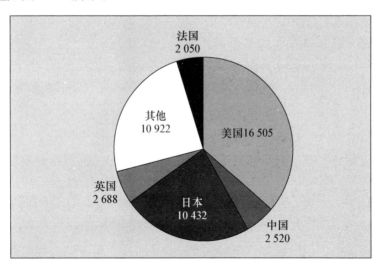

图 D-5　AAA 级以下评级的政府债券（10 亿美元）

资料来源：基于国际清算银行 2016 年第四季度数据（www. bis. org）。

你会注意到这个名单被美国和日本占据，只有在写本书时标普做出的 AA＋和 A＋评级的债券，因此并非完全没有风险。但是如果你和大多数投资者一样认为这些债券依旧没有提供值得加入投资组合里所要求的期望回报（除了在这种货币中当做最小风险资产的），而且你只想添加 AA 评级以下的债券（以获得额外收益率），那么图 D‐6 展示了剩下的其他政府债券的配置。

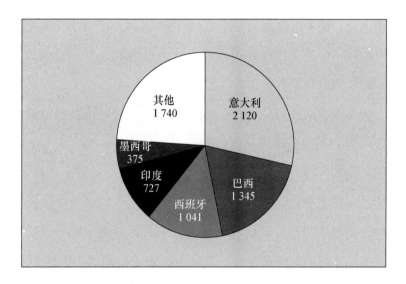

图 D‐6　AA 级以下评级的政府债券（10 亿美元）

资料来源：基于国际清算银行 2014 年第二季度数据（www. bis. org）。

解读图 D‐6 的方法如下：

我是一名想要在最小风险资产和股票投资组合之外增购若

干只其他政府债券的投资者。既然我已经有了最小风险政府债券，而且不认为 AAA/AA 评级的政府债券有足够高的收益率，那么我应该增持哪种政府债券？

原则上你应该依据市场价值购买 AA 评级以下的债券，实际上对部分投资者来说，找到这么多不同国家的投资产品是不现实的。相反，你可以购买新兴市场政府债券的交易型开放式指数基金（ETF），并与包含次 AA 评级的欧元区政府债券的产品相结合。这个组合不会与图 D-6 里的次 AA 评级债券的比例完全相同，但是会使你在理性投资组合里增加一个多元化的有实际回报的政府债券组合的目的更易达到。

债券收益率波动很大。即使在 2008 年金融危机最严重的时候，10 年期的希腊政府债券的收益率也是 5%～6%，而与之相对的是几年后的不可持续的水平。这被认为是一种安全的投资，尽管事实并非如此。这提供了一个很好的例子，如果市场失去了信心，则个别政府的信贷质量会以惊人的速度下降。尽管这些次 AA 评级的政府债券（见图 D-6）都是地理多元化的投资，但你依然可以看到它们之间的相关性。并非仅仅部分欧洲国家以同一回报在同一开放市场（欧盟）里操作，所有的国家都受世界经济变化——除了各个国家内部独特的变化——的影响，并且同样易受市场情绪变化的影响。

表 D-1 列出了在写本书时 10 年期政府债券有实际回报的

一些国家。尽管该表只列示了 10 年期债券，但它能就这些低评级的债券的期望收益给你一个初步的印象。

表 D-1　　　　10 年期政府债券有实际回报的一些国家

国家	比例	国家	比例
尼日利亚	16.0%	印度尼西亚	7.6%
巴西	11.4%	希腊	6.9%
委内瑞拉	10.4%	哥伦比亚	6.8%
南非	8.8%	印度	6.4%
俄罗斯	8.4%	越南	6.1%
巴基斯坦	8.0%	冰岛	5.1%
墨西哥	7.7%	菲律宾	4.7%

资料来源：基于 www.tradingeconomics.com 的数据。

这些收益率都是以当地货币计算得到的。因为巴西的预期的通货膨胀率比欧洲的更高，所以调整后的回报并没有那么高。换言之，巴西的信用风险并没有表中显示的那么大。

另外，说你可能从巴西的债券中获得 11.4% 的名义回报是不现实的。高回报意味着巴西违约或你不被全额支付的可能性增加了。

当添加其他政府债券到投资组合时，有一些其他的问题需要考虑：

● 当你添加低评级国家的政府债券时成熟期要不同。在地理多元化之外，这可以避免利率的集中风险。特别地，最好是通过以低成本购买标的债券的 ETF 或者投资基金来增持这些债券。例如，你可以购买新兴市场债券 ETF 来获得你所寻找的、不同成熟期的、范围广泛的低评级政府债券的风险敞口。同样，可以增持发达国家的次 AA 评级的政府债券。通过 ETF 或投资基金持有这些债券，你不用为因旧的到期而要购买新的而操心。供应商会为你完成这些工作以保证你的成熟期保持稳定。

• 注意，在你想要多元化时，不要增加集中风险。在表 D-1 中（只排除 AAA 评级的债券），如果你的最小风险资产已经是美国债券了，就要将它排除，日本债券可以占到剩下部分的 50%以上。本章的图表会提醒你保持现有债券的多样性，以获得实际回报——不要增加一个发行者的集中风险（如日本）。

• 按其在全部政府债券中的比例购买上述次 AA 评级的政府债券会导致较大的管理困难，而且没有诸如 ETF 或指数基金之类的产品帮助你做到这一点。但是你不知道该比例也无所谓。可以买一些低成本的新兴市场政府债券基金并增持次 AA 评级的发达国家的政府债券基金。你购买的比例大致与表 D-1 的相同就可以了。

• 时刻关注有实际回报的政府债券的变化。部分评级低于 AA 的债券的信用质量可能会上升到足以提供不超过你的最小风险资产的回报的水平，或者更可能的是部分 AA 或更高评级的债券的信用质量降低到足以增加其实际回报的水平。我期望 10

年后再读这本书来事后看看哪些国家债券的信用会上升或下降。当你持续平衡你的投资组合时要注意这些变化。因为你的可产生实际回报的政府债券投资组合有良好的多样性，所以它的变化不会剧烈，但是记住不同于最小风险资产，理性投资组合中的全球股票和企业债券不会像 ETF 或指数追踪型基金这样的广泛的指数型产品那样满足你的需求。你需要将自己不同的产品组合起来，构建一个次 AA 评级的政府债券投资组合，而这个组合会随着时间不断地变化。

在理性投资组合中增加企业债券

除了增加次 AA 评级的政府债券之外，你可以考虑广泛添加众多的企业债券到你的投资组合里（见图 E-1）。

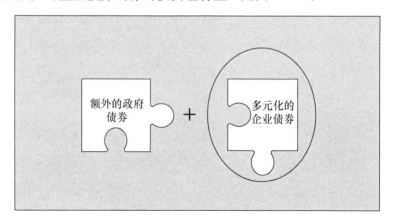

图 E-1　将多元化的企业债券添加到投资组合中

传统上来说，任何与本书类似的投资书提及企业债券的投资时，它们大多指的是美国债券。这是因为它们的读者通常由美国投资者或者美元投资者组成，而且非美国债券更贵且难以购买。尽管投资非美国债券越来越简单，但美国主导的债券市场依然流行，这与它至少占世界 GDP 的 20% 有关。我们之前看到投资组合中的全球股票有很大一部分也是美国的，而如果你只增加美国企业的债券，那么你将无法获得国际性风险敞口的多元化收益。但这并非仅仅针对美国投资者。任何只添加其当地的企业债券的投资者都可能在提高资产的多元化程度的同时提高地理性的集中程度。广泛增持国际性的企业债券可以纠正这个问题。

展望未来，国际企业债券的非美国部分可能会进一步增加，从而提高债券的资产类别的多样化水平，彰显将国际企业债券添加到理性投资组合对于实现地域多元化的重要性。①

当你往理性投资组合里添加企业债券时，请查看图 E-2 并确保你的多元化是国际性的。现在，大约 55% 的企业债券不是美国的，与美国的一样，成千上万的债券有着不同的成熟期、行业、地理区域和信用质量。忽视在理性投资组合中添加指数追踪型 ETF 或由这些外国债券组成的基金可能是一种遗漏。

尽管某些债券有非常高的收益率，但总体来说，债券的期望回报低于股票是合理的。作为一个债券持有人，你是一个贷款人——

---

① 我们遗漏了大的广义的金融机构债券市场。这包括银行间债券，以及各种各样的金融机构发行的债券。对于理性投资者来说，这个市场不够透明，而且书中提到的那些有着广泛的风险敞口的人已经通过投资组合中的现有债券和股票获得了这种敞口。

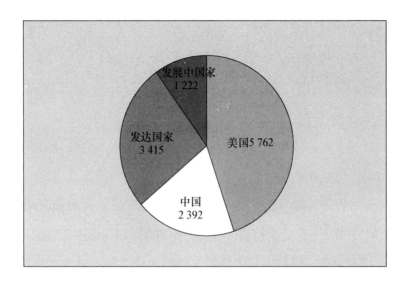

图 E-2　世界企业债券（10 亿美元）

资料来源：基于国际清算银行 2016 年年底的数据(www. bis. org)。

无论是对公司还是对政府；而作为一个股票持有人，你是所有人。资本结构中剩余索取权的排序反映了这一点。在分配现金时，公司的债权人在股票持有人获得分红之前获得他们的利息。同样，在公司违约时债券持有人先于股票持有人获得公司的资产。较低的预期回报是资本结构中这个优越位置的价格的体现（见图 E-3）。

　　正如资本结构中剩余索取权的排序会体现在国际企业债券投资组合中一样，这些债券的成熟期差别很大。与政府债券一样，相同信用质量的长期企业债券的收益率比它们的短期类型要高得多。①

---

　　①　偶尔收益率曲线会反转（长期收益率比短期的低）。这发生在市场认为未来利率会下降时。

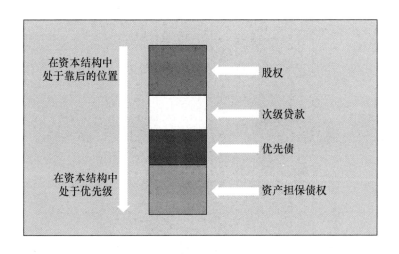

图 E-3 在资本结构中的位置

如果历史是指导……

与股票回报相比，难以直接弄清楚广义债券指数的历史回报。直到最近，除了主要国家的政府债券或美国企业债券之外，还有诸多可选择的指数产品供希望投资债券敞口的投资者投资。事情正变得越来越好，接下来几十年将会看到散户投资者可以投资的固定收入产品的数量继续增加。

一段时间以来，人们对指数产品有很大的偏见，直到最近广泛的指数产品都很难获得，更不用说实际可以创造的产品了。表 E-1 展示了各种债券指数的业绩数据。

表 E-1　2002—2016年各种债券指数的表现（%）

	2002	2003	2004	2005	2006	2007	2008	2009	2010	2011	2012	2013	2014	2015	2016
巴克莱美国综合债券指数(a)	10.3	4.1	4.3	2.4	4.3	7.0	5.2	5.9	6.5	7.8	4.2	(2.0)	6.0	0.6	2.7
富时世界国债指数(b)	19.5	14.9	10.3	(6.9)	6.1	10.9	10.9	2.6	5.2	6.4	1.7	(5.3)	(0.4)	(2.4)	3.2
彭博巴克莱美国高收益企业债券指数(c)	(1.4)	29.0	11.1	2.7	11.9	1.9	(26.2)	58.2	15.1	5.0	15.8	7.3	0.1	(2.7)	11.4

注：（a）美国债券、政府债券和其他债券的广泛组合。
（b）超过20个国家的政府债券，由市场资本化率和到期日共同衡量。
（c）只包括次投资级别的债券。

尽管表 E-1 的数据的时间跨度太短，不足以得出有意义的结论，但 2008 年是一个有意思的数据点。在萧条的股票市场中美国总体的和全球的政府债券指数的回报都是正的。

在艰难的市场环境下高评级债券的优异表现表明了在理性投资组合中增加固定收益债券的潜在益处。当股票市场崩溃时，投资者都会追捧高评级债券的安全性。简单来说，无论发生什么，债券都会很快到达成熟期，而没有人知道股票会怎么样。

2008 年巴克莱美国高收益率指数的狂跌并不奇怪。发行高收益率债券的公司依赖良好的经济环境来偿还它们的负债。当市场的崩溃导致经济形势比原来预测的更为严峻时，这些高收益率债券的收益未来的支付将存在不确定性，投资者会因此而售出这些高收益率债券。

通常来说，我会提醒投资者阅读更多关于这一数据期间的内容。这并不是说未来的危机或相关性会与过去相同。事实上，作为一个欧洲作者，我发现未来的危机轻易地扩散至因下跌而不再是安全债券的政府债券是可能的。如果这样，那么你可能会看到股票、政府债券和企业债券会同时崩溃。

因为不能确定未来危机中会发生什么，所以在投资组合中增加其他的政府债券和企业债券是有意义的。我们增加的债券来自很多不同的国家，有不同的成熟期、货币类型和风险等级，包括政府债券和企业债券。作为回报的生产者，这种类别的资产在使全球股票投资组合多元化时可能会扮演一个重要的角色，因为其风险更低，回报更多元化。

变得更为可行

当我们在投资组合中增加企业债券时，需要注意下面这些要点：

- 购买广泛的企业债券风险敞口，无论是地理性还是债券类型。

- 如果可以则请购买指数追踪型产品。你应该不想为有效管理支付高费用，但是如果没有合适的指数追踪型产品，那么购买便宜的有效管理的基金可能是一个好的选择。

- 寻找新开发的产品。这在债券领域特别重要。我的预测是未来几年广泛的可购债券会快速发展。你可能因此而受益。

在讨论实施的那一章，我描述了几种往理性投资组合中增加广泛而廉价的债券风险敞口的选择（见第十二章）。

企业债券回报同样取决于信用质量

之前我们讨论过股票相对于最小风险债券的收益是4%～5%。那么高风险的政府债券和企业债券呢？

在企业的资本结构中企业债券的排序高于股票，因此对现金分配和资产赔付有更优先的索取权，从而企业债券的期望回报比股票更低是合理的，低多少很明显取决于指数中的企业债券。在写本书的时候，美国金融监管局/彭博资讯的美国投资级别和高收益指数的赎回收益率如下：

现在的收益率

美国投资级别	**3.76%**
美国高收益率	**6.06%**

就政府债券来说，我们之前看到了很多"高风险的"国家的 10 年期债券收益率。但是我们不能从这些数据中简单地得出高收益率债券总是比投资级别的债券要好的结论。高收益率债券的违约率要高得多（如同高收益率的政府债券违约的次数更多），而这些违约债券的回报率将低于所有高收益债券，并且全部支付是不太可能的。

理性投资组合中未包含的资产类别

商业地产的个别案例

尽管住宅房地产的高回报历史令人质疑，而且它以房屋所有权的形式出现在许多投资组合中，但多年以来，一般房地产投资一直蓬勃发展，并且成为许多多元投资组合的一部分。虽然有充分的证据表明商业地产过去的收益状况十分有吸引力，但据我所知，不同于证券市场的摩根士丹利世界指数和其他指数，并不存在一项全球化的多元投资房地产指数。例如，尽管存在更早以前的全球数据，FTSE EPRA/NAREIT 全球指数直到 2009 年才发行，全球化的多元房地产投资产品是如何发展的较不明晰。

房地产投资的支持者认为，房地产是一项独立的资产类别，它与股权及其他市场的相关性有限。（虽然只追踪了住宅房地产，但自 1900 年以来，道琼斯工业平均指数和房价指数的相关性仅有 0.19。）与其他资产类别的相关性有限显然是一件好事，如果这种低相关性在未来可持续的话，那么投资住宅房地产可以成为一种理想的风险分散方法（虽然事实上在 2008 年所有的上市房地产投资和其他市场一样经历了低谷，表明低相关性并非普遍规律）。在低相关性的情况下，你不要抱有过高的房地产投资回报预期，而投资于多元化的全球房地产投资组合也会提高地域多元化水平。

然而，尽管房地产投资很有希望有低相关性，并且大体上有着明显的良好的历史表现，但上述 FTSE EPRA/NAREIT 全球指数所代表的标的房地产投资公司的市值仅占全球股市总市值的 1%～2%①，在我写作时，该指数中最大的成分股市值约为 500 亿美元，而整个指数涉及全世界约 400 只成分股，其总市值约为 9 000 亿美元，略高于几个处于领导地位的私人企业的市值。所以，全球不动产指数在整个股市所占比例较小。如果你认为房地产是一类独立的、有吸引力的资产，并且你想更多地

---

① 尽管指数追踪公司中的上市房地产投资公司只占全球总房地产价值的一小部分，但其他许多行业也是如此。此外，如果上市房地产公司具有额外的吸引力，那么我们相信市场会通过其相对于其他证券的股价反映这些信息。

投资于此，而你又找不到一只涵盖范围广、具有代表性（并且便宜）的房地产投资基金的话，那么全球不动产指数就提供了一种投资者所想要的良好的、充分多元化的房地产投资工具。

但也要考虑到，股票投资者已经因房屋所有权而直接或间接地在房地产行业获得了风险敞口。各地股市的一个主要组成部分是金融机构，包括银行。显然，银行有许多职能，一个关键职能是为房地产市场的融资提供便利。银行既通过住宅房地产市场，也通过对商业地产进行融资和投资来实现这项职能。甚至在一些情况中，虽然银行仅仅扮演协调者的角色，将风险转移给其他投资者（这和其他银行持有房地产投资的情况相反），但它们仍然对积极的房地产市场抱有兴趣。

2007—2008 年美国次贷市场泡沫的破裂及随之而来的许多与其相关的产品的违约是金融危机发生的主要原因之一。所以即使房地产投资公司的风险敞口代表了整个股市相当小的一部分，通过许多其他产业部门，我们也能获取到房地产的间接风险敞口。除了银行，许多与基础设施和建筑相关的大型公司的上市进一步扩大了我们在房地产市场的间接风险敞口，这是因为各行各业的企业已经是商业地产的最大持有者。[1]

---

①　根据理查德·费里的优秀著作 *All about Asset Allocation*（McGraw-Hill Professional，2010），在美国，大约 2/3 总值的商业地产由公司所拥有，所以你已经通过一般股票市场指数对其中的许多产品进行了投资。

有些人可能不同意我关于放弃房地产投资的主张，我能理解其中的原因。但我还是鼓励你去问问你自己："我的投资组合中包含的商业地产所可能获得的微小收益，是否能覆盖增加的复杂性和成本？"对于 95％以上的读者，我猜想答案是彻底的否定。

对于那些希望增加房地产投资的投资者，我建议你们投资于费用低廉、地域多元化的房地产投资公司。房地产信托投资基金（Real Estate Investment Trusts，REIT）是一个不错的选择。房地产信托投资基金有较优惠的税收待遇，特别是对于美国投资者而言，该基金会将从其所持有的各种基础房地产资产（主要是商业性质的，如写字楼和零售业用房，也有仓库、公寓楼、医院等）所得到的大部分收入分配给投资者。

如果你坚持在你的投资组合中增加房地产投资，那么应该考虑以下几点：

● 在地域上进行广泛而廉价的投资。有一些不错的全球性房地产部分封闭的开放式基金，这些基金追踪 FTSE EPRA/NAREIT 全球指数，还有一些多样且廉价的房地产基金或者类似的基金。

● 避免投资于这样的国家，在那里作为一名投资者你已经因为你的非投资组合资产暴露在风险中。

● 在税收方面要精明（对于某些特定税种，房地产投资信托基金是免税的）；对一些投资者来说，税收优惠可能有利于将更多资金配置到房地产上。

- 当你考虑在投资组合中增加房地产投资时，仔细考虑你已经面临的房地产风险敞口，包括由投资组合中的证券间接造成的风险敞口，以及可能由房屋或其他资产造成的风险敞口。

私人股权、风险资本和对冲基金

我曾在伦敦经营一家对冲基金，并根据我的经验写了一本书《货币特立独行——一名对冲基金经理的自白》，目前我仍是几家对冲基金的董事会成员。此外，在我职业生涯的早期，我曾在一家名为 Permira Advisors 的私人股权基金工作。

私人股权、风险资本和对冲基金（我称它们为另类投资）不属于理性投资组合。

所有的另类投资都声称其在市场上有优势。它们实际上是在说："把你的钱交给我们，我们将给你可观的回报。"时间将检验它们是否正确，但是通过挑选这些另类投资，你实际上在表明你自己具有某种优势，这不是因为你可以仅凭自己来完成所有的标的投资，而是因为你知道有人即另类基金的经理可以帮助你完成。

关于选择什么基金的看法往往脱胎于几个证据充分的成功

的故事。2008 年，当约翰·保尔森押注次级抵押贷款市场崩盘从而为自己和投资者赚得数十亿美元时，人人都希望自己的投资组合中有这种投资。或者当红杉资本的合伙人告诉你他们支持苹果、思科、谷歌和其他你熟悉的公司时，问题几乎变成了"你怎么能不投资其他种类的基金?"

在很多方面，选择一项另类投资背后的逻辑就像选择一个活跃的经理。你这样做是因为你认为有人能够很好地处理如何投资你的钱这一问题。虽然你可能会承认你自己做不到这一点，但能够选择一个可以持续表现优异的投资经理，将是一个非常有价值的决策。然而就像选股一样，这是一种罕见的技能。以挑选另类基金经理为工作的人可能会说"东海岸生物技术行业在未来 10 年的表现将会显著优于其他行业"，"我认为可转换套利基金将会复活"，或者"某位基金经理十分优秀"。不管正确与否，这些都不是一个没有优势的投资者能够或应该陈述的。特别是当你考虑到你在另类基金上的投资的流动性可能非常差，以至于你可能好几年都拿不回你的钱时，你对优势和高回报的要求就会更高。

非常高的佣金

除了购买另类投资意味着投资者拥有"间接"优势的事实之外，这些基金通常也非常昂贵。许多另类基金收取的年管理费为 1.5%～2%，还有高于一定的最低预期回报率的全部利润的 20%，外加其他费用。特别是对冲基金，它们有时有充分的理由声称它们创造的回报与你在市场上所能得到的截然不同，但这也意味着只有表现最好的基金才值得投资者去支付这些费用。因此，只有那些有能力持续选择最佳基金的人才应该投资这些另类基金。大多数人根本没有这种能力。

要了解佣金有多高，不妨以沃伦·巴菲特为例，他是上一代中最成功的投资者之一。如果巴菲特的佣金结构是对冲基金而不是保险公司，那么投资者的回报看起来将会非常不同（见图 F-1）。

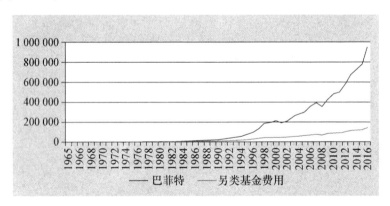

图 F-1　100 美元投资于巴菲特与投资于另类基金收费结构

资料来源：基于伯克希尔·哈撒韦公司的数据整理（www. Berkshirehathaway. com）。

为了说明费用的累积影响，请考虑一个退休人员的例子，他经退休金提供者以正常途径通过母基金将资金投资于对冲基金，其中包含了所有的费用和支出。再进一步假设，该对冲基金在未支付任何费用的情况下，年回报率为 10％，且该基金是典型的多空基金，交易正常。若所有的财务人员都分一杯羹，则退休老人还能剩下什么呢（见表 F-1）？

表 F-1　　　　　　　　　　　还剩下什么？

总绩效		10.00％
对冲基金	费用	扣除费用后的净值
对冲基金交易费用	1.50％	8.50％
标准报价总绩效		8.50％
对冲基金开支	0.20％	8.30％
对冲基金管理费用	1.50％	6.80％
对冲基金奖励费	20.00％	5.44％
母基金		
母基金开支	0.15％	5.29％
母基金管理费用	0.75％	4.54％
母基金奖励费	10.00％	4.09％
养老基金		
养老基金外部顾问	0.15％	3.94％
养老基金费用和开支	0.75％	3.19％
净收益		3.19％

当然，在我们问对冲基金如何赚到 10％ 之前，这是我们已经得到的数据。这是因为它在市场上行时拥有市场风险敞口，还是因为它拥有其他地方无法实现的独特的附加价值？如果这主要是因为市场繁荣，那么我们的养老金领取者为市场的风险敞口而支付了高得令人震惊的总费用。

我并不是故意责难对冲基金，私人股本和一些结构性投资产品也存在同样的问题。尽管它们收取了类似的费用，但它们毫无歉意地、通常是以一种机械化的方式将市场变为长期市场：投资者借助杠杆指数基金跟踪工具，可以凭自己的力量做得更好，而对私人股本的投资通常流动性非常差。确保你能够从流动性低的投资中获得收益，而且你不会为做多市场而付出代价——在指数跟踪器的帮助下你可以以更低的成本做到这一点。

这并不是说另类基金永远没有价值，而是说高昂的费用意味着其门槛确实很高。

另类基金经常辩称它们为投资者提供了进入一个不同的经济领域的渠道（比如风险基金寻找下一个 Facebook），或者获得与市场无关的回报的机会（比如采取市场中立策略的对冲基金）。有时它们是对的。毫无疑问，在未来一些另类基金将在向投资者提供一个独特的风险敞口或可观的收益两方面都表现得非常好，但挑战在于选择哪一个。研究表明，过去的表现并不能很好地预测未来的回报，所以这对我们没有帮助。（否则，这就变得太容易了，只要挑出过去的赢家就行了！）

除了因为选择合适的另类基金经理意味着具有优势而远离另类基金以外，许多投资者已经拥有了与另类基金相同的风险敞口，尽管它们收费很高。另类基金的收益与股票市场的相关性很高，因为另类基金经常投资于与股票市场所代表的资产类似的资产。（风险基金可能会辩称它们投资的公司太小，不适合在证券交易所上市，但它们仍面临同样的经济风险，并且它们的退出通常涉及向大公司出售股份或进行首次公开发行。）2008年是另类基金业历史上最糟糕的一年，这并非武断之言。在理性投资组合中，你会遇到许多和你作为一个另类投资者一样会遇到的风险敞口，但是费用大约只有后者的1/20。

总　结

远离另类基金的原因如下：

● 选择合适的另类基金经理需要某种优势，而我们认为自己没有这种优势。

● 我们投资于所有的另类基金从而接触到整个部门是不可能的，并且综合考虑到高费用、低流动性以及通过股市投资我们可以有相同的风险敞口但更低的成本的事实，我们认为另类基金缺乏吸引力。

实际上，大多数投资者是无法如他们所希望的那样接触到另类基金的。忽略一些基金拥有的准入产品或股票类别等因素的影响，这通常是因为最低投资规模太大（通常为100万美元或更高），或者存在其他监管障碍。然而，你很有可能已经接触到了它们。公共和私人养老基金是另类基金的最大投资者之一。如果你现在或将来获得了福利，那么你已经了解了它们的表现。你所希望的只是无论谁代表你选择投资另类基金，他都拥有我们大多数人所不具备的优势。

大宗商品

在 2008—2009 年股市崩盘之前，某些大宗商品的表现非常好，往往成为高度多元化的投资组合的一个组成部分。虽然黄金和石油或许主宰了更多的媒体画面，但也有其他成功的故事。

直到最近，大多数投资者还很难投资大宗商品。除非你是一名机构投资者，专门从事实物商品的买卖或期货合约的交易，否则，获得大宗商品的直接敞口是一个麻烦的过程。这一困难在过去几十年中已大大减小。如今，部分封闭的开放式基金在多个大宗商品领域均有应用，因此，获得投资敞口就像购买你选择的部分封闭的开放式基金一样简单。一些最受欢迎的大宗商品是黄金类的，但还有大量其他大宗商品可供选择，包括某些追踪范围广泛的商品指数的大宗商品。

大宗商品的经济学不同于股票或债券。为了实际持有大宗商品，我们实际上可能会产生成本，而不能指望我们对这些商品的所有权会在未来产生现金。持有商品会产生存储和保险成本。此外，商品并不创造收入，提取商品的成本可能会改变，商品在生产过程中的效用可能会改变，但没有任何迹象表明其改变始终是积极的。

尽管对于大多数投资者来说，大宗商品交易成本已大幅下降，但对于大多数人来说其价格仍然高昂。即使我们通过部分封闭的开放式基金持有黄金类的大宗商品，除了管理和交易成本外，我们仍间接承担同样的存储和保险成本。此外，除非我们的职业是交易特定的大宗商品，否则我们很有可能在信息方面处于明显的劣势地位。如果你在壳牌公司或英国石油公司工作时进行石油交易，那么与那些在家穿着睡衣在电脑上交易的人相比，你很有可能拥有信息优势。确保你不是后一类人。

金融投资者主要通过期货投资大宗商品。所有商品的期货市场都有好几个世纪的历史了，但第一个有组织的交易所是于18世纪在日本创建的。这是为了在将大米在未来某个日期支付给武士们时能够确保他们所收到大米的价值不发生变动。我们可以以几个月为期限买卖可可豆、粮食、石油或者其他任何期货，以此规避储存、运输等问题。期货价格将取决于对商品的未来价格的预期和在此期间我们可以挣到的利息。期货合约是通过一个交易所结算的，该交易所确保到期付款，这样我们就不必担心与我们交易的买家或卖家是什么角色。

但与我们在本附录中讨论的其他类别资产一样，大宗商品交易的主要问题是投资者可能缺乏优势。你真的有能使你在市场上通过交易大宗商品获利的知识或优势吗？很有可能你没有，除非你专职于大宗商品的交易。如果没有，那么你最好不要参与此类交易。

就像房地产或另类基金一样，你已经通过上市股票的投资组合拥有了大量的大宗商品风险敞口。在全球股市指数中，许多矿业或石油相关公司都有大宗商品的直接敞口，而将大宗商品添加到投资组合中，将使你的敞口增加一倍。举个例子，如果你要购买石油，除了通过你的股票指数中所有的石油公司获得它之外，那么你将只是在进一步扩大大宗商品的风险敞口，但是往往难以准确确定套期保值商品相关公司自身在其中起到多大作用，随之而来的间接风险敞口是多少也是难以确定的。

大宗商品的投资回报

也许我们可以把这个问题反过来问：你到底想买什么商品？为什么你不选择其他的商品？如果你买可可豆，那么为什么你不买小麦呢？如果你买铜，那么为什么你不买废铁呢？选择单一商品的投资者显然拥有某种优势。

大宗商品投资者声称，由于与股市缺乏相关性，大宗商品具有吸引力。CRB 商品指数是最古老的商品指数之一，该指数跟踪 22 种商品的表现，1957 年首次开始跟踪。图 F－2 显示了标普 500 指数与 CRB 商品指数的 12 个月的历史相关性。

从图中可以看出，大宗商品与股票市场的关联度确实很低，2008 年是一个明显的例外，当时大宗商品与股票一起暴跌。（该指数在 2008 年下跌了 36％，成为一个糟糕的对冲工具。）

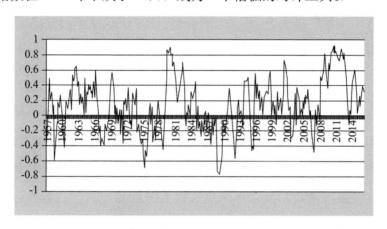

图 F-2　以 12 个月为期追踪标普 500 指数和 CRB 商品指数的相关性

我们应该指望从大宗商品中赚钱吗？

大宗商品的有组织的价格历史仅有几十年[1]，这可能过于短暂而没有意义。图 F-3 显示了 CRB 总回报指数[2]——与美国短期债券投资相比，该指数直到 20 世纪 80 年代初才诞生。该指数不包括执行成本，在商品指数中我已经将执行成本以每年 0.5％

---

[1]　很明显，大宗商品有着长达数千年的价格历史，但据我所知，大宗商品价格并不是一个可以在像部分封闭的开放式基金或共同基金这样的金融产品中复制的综合指数。

[2]　总回报指数包括投资期货时"自由的"现金的利息。期货合约的保证金比例通常为 5％～10％，剩余 90％～95％的资本可以自由投资。此处假设这些钱投资于国库券。

计算在内，这与目前交易型开放式指数基金的一些成本大致相当。

在 2008 年崩盘之前，许多投资顾问都主张投资商品期货。这并不奇怪。过去 10 年，大宗商品表现强劲，与股市的关联性一贯较低。

但你不可能靠低相关性致富；你需要收入，而商品期货不会产生收入。从长期来看，大宗商品的收益率低于最低风险产品的回报率，没有理由认为它们在未来会持续超过这一水平。因为这一事实，也因为你已经通过现有的投资组合持有了很多相同的风险敞口，所以你不应该将大宗商品加入你的理性投资组合之中。

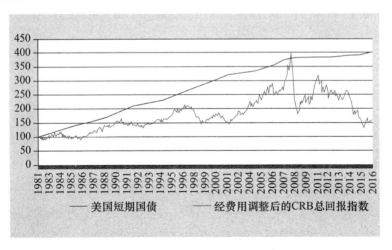

图 F-3　大宗商品指数与美国短期国债

黄金是个特例吗?

当然,黄金是一个众所周知的非常成功的案例,现在每盎司黄金的价格在 1 200 美元左右,远高于 20 世纪 70 年代初美国放弃金本位制时每盎司黄金 40 美元左右的价格。黄金的生产用途不像其他一些金属和大宗商品那样广泛,除了用于首饰和某些电子产品领域,它一直被视为危机时期的保值利器。

如果你想规避风险,那么你应该购买更多的最小风险资产而不是购买黄金。黄金当然不是一种低风险资产——事实上它的价值非常不稳定。吸引人们持有黄金的是这样一种看法:当市场下跌时,黄金往往会升值。因此,它被认为是抵抗股市或一般经济和政治动荡的对冲工具。

我要提醒你不要把持有黄金看做是对股市下跌的一种对冲。如果股市和黄金的价格真的呈反方向变动(它们并非如此,见图 F-4)而你在这两者上的投资额相等,那么在经济衰退时期你从金价上升所获得的收益和你在股市上的亏损应该是相抵的,当股市呈上升趋势时也是一样。唯一的区别是,你会为你持有的黄金支付费用,也会为你持有的股票支付少量费用。在这种情况下,你将风险降至最低,也将利润降至最低,同时还支付费用。与其让股票和黄金的风险敞口相互抵消,不如只购买风险最低的债券。

金价将继续震荡，甚至可能继续下跌，就像其他大宗商品一样，没有什么内在因素表明黄金投资的风险会低于最低风险资产，所以我建议你把它排除在你的理性投资组合之外。

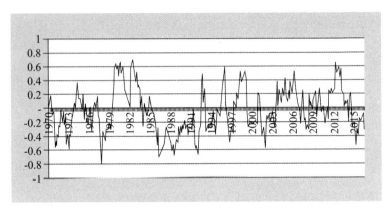

图 F - 4　以 12 个月为期追踪标普 500 指数和黄金价格的相关性

收藏品

有时会有这样的新闻：一幅画以令人心痛的价格出售。这引发了一场关于投资收藏品的讨论。

收藏品可以指很多东西，但通常包括艺术品、老爷车、古董、硬币和邮票，也包括一些十分小众的东西，如体育纪念品、书籍或挂坠（netsuke）。[1]

---

[1]　《琥珀眼睛的兔子》是埃德蒙·德瓦尔的一部杰作，它追溯了一个收藏挂坠的家族一个世纪的兴衰史。也许有些牵强附会，但这本书教给了我们挂坠是如何在周边环境的动荡中维持其货币和情感价值的。

　　将收藏品作为一种金融投资的问题在于其种类众多，缺乏一种对其加以广泛描述的指数。

　　你不能只买雷诺阿千分之一的画，只买一把古董椅子的腿或者一瓶好酒的一小口。你被迫选择一件物品的全部。如果你是一个收藏领域的专家，那么这可能是一个有利可图的冒险。但如果你不是，那么即使在某些地方拥有艺术品能带来税收优惠，这也极可能是一个失败的选择。当然，你可以购买基金类结构的股票，但这些只占市场的一小部分。

　　虽然有些特定指数表明艺术品是一项高回报的投资，但这些指数也存在一些不足。首先，这些研究往往集中在艺术界中已经取得成功的领域，比如存在选择偏差的领域，这些领域通常是不易复制的，因此获得这些领域的风险敞口是不可行的。其次，许多指数和收藏品的历史表现忽略了巨大的交易成本、保险和存储成本。当你考虑到所有的成本时，收藏品的投资回报就不那么可观了，你不应该在你的投资组合的金融部分中包括它们。当然，购买收藏品也有非经济原因。除了希望获得经济回报外，一幅画的投资者还可以从观赏这幅画中获得巨大的价值，书籍收藏者可以从阅读带签名的初版图书中获得巨大的价值。类似地，集邮者或参加老式汽车集会的人也可能会从收藏中获得极大的乐趣或声望。在罗曼·阿布拉莫维奇或曼苏尔·本·扎耶德（分别拥有切尔西和曼城的足球俱乐部）买下自己的俱乐部之前他们很出名吗？我认为他们都不期望能从他们拥有的俱乐部中赚钱。他们的目标也许是声望和乐趣。如果你问我的话，我认为他们这两个目标都很好地实现了。为此，就像一个普通人去买一辆自行车一样，他们花钱买下了俱乐部。

拥有收藏品的非经济利益显然很大程度上取决于个人，而且很难量化。由于大多数人从拥有此类资产中获得了一些非经济性收益，因此如果你是一个纯粹的金融投资者，那么你可能会感到失望。也许一个更好地看待收藏品的方法是确保你收集了你喜欢的东西，并且你至少是一个合格的专家。把投资收益的金融性和非经济性结合起来可能会使它成为一项有价值的事业。

加入政府债券与企业债券的
投资组合风险

正如我在第十章所提到的，在投资组合中加入较高风险的政府债券与企业债券是有好处的，但是我们没有在那一章举例子。当时不是故意忽略这一点，而是为了使章节内容尽量简洁实用。如果我们在早先提到的 Excel 的模型里继续加入有较高风险的其他政府债券与企业债券（见第十章），那么模型的复杂性会显而易见地上升，你也必须要理解投资产品之间的关联性。不过，有较高风险的其他政府债券、企业债券与股票之间的平均相关性又过于微弱。在大萧条时期，各种投资产品之间的关系变得更为紧密（正如股市）。在不同的投资情景之下我们需要知道不同股市之间的相关性，就像下表所示[①]的一样。

股权回报	次AA级政府债券相关性	企业债券相关性
15%以上	0.35	0.40
5%～15%	0.28	0.32
−5%～5%	0.22	0.28
−15%～−5%	0.34	0.38
−15%以下	0.55	0.67

该表整合了额外增加的有较高风险的其他政府债券与企业债券，但是多元性的上升却不尽如人意，这大概是因为股市表现较差。我在这里提到的债券是次AA评级的债券，危机之下它们无法成为保值避风港。但是，你的最低风险投资必须成为安全港。

由于过度简化，其他政府债券与企业债券将会比股票具有更小的投资风险，但仍然不是无风险。取决于你增加的次AA评级的政府债券的比例，它们可能带来相当于股票的一半的风险，虽然这可能只是瞎猜而不是准确计算得出的结果。

在简单模型中增加复杂性违背了科学原理。Excel模型的目的在于展示即便是最为精确规划的投资组合仍然存在市场风险，并以此来提醒我们如何计划与分配投资组合的比例。如果把模型弄得更为复杂，我们就放弃了模型的精确性。

---

① 这仍然是简化后的理想状态。不同收益情况下的相关性将是平均期望的相关性。因为每次危机都有独一无二的情况，且无法保证真实的相关性会与表中所示的一样。

理性投资组合的税务考虑

本杰明·富兰克林有句名言：死亡和税收是人生中不可避免的两件事。摩纳哥的居民可能不同意，但对大多数人来说，税务规划是投资管理不可分割的一部分。

一本关于投资的书若忽视了税收便是不完整的。随着世界各国财政千疮百孔，税收正在成为一个更大的问题，而不是更小的问题。新的税种将被引入，或者是为了填补以前的窟窿，或者仅仅是为了增加税收。随着普通民众对银行和更广泛的金融界的愤怒情绪日益高涨，这一行业及其提供的产品的税收可能会增加。这在不同的司法管辖区将有很大的不同，但作为一名投资者，理解税收是一件非常值得去做的事情。

让我们提醒自己，理性投资组合的重点是我们有一个更优化的、流动性强的、便宜的和能够调整风险的投资组合。这些无疑是好的方面。但如果我们以一种税收效率低下的方式构建这种投资组合，那么我们所有的好的愿望都可能无法实现。

大体上我将提到的税种如下：

- 所得税，包括股息税和息票税；
- 资本利得税（CGT），它涵盖的范围很广，取决于不同的管辖区，持有期限和资产类型也对其影响很大；
- 交易税，如英国的印花税；
- 其他税种，如遗产税、公司税、赠予税等。

由于理性投资组合结构简单，尤其侧重于最低换手率和超长持有时间，因此对于大多数人来说，理性投资组合是节税的。下面是大多数人从持有理性投资组合中所意识到的最明显的税收优惠：

- 低换手率＝更少的资本利得和交易税。被动型投资产品比主动型基金发生更少的交易。这通常会导致较低的资本利得（包括通常税率较高的短期资本利得），但也会减少印花税等交易税的支付。除了税负低，还有其他明显的优势，如与低换手率相关的低交易成本。

- 较少的基金变动＝延期对收益征税。与基金中证券的低换手率有关，指数追踪型基金投资者变换基金的频率远远低于主动型基金投资者。他们不会追逐下一个"热门经理"。除了不

会频繁地在一些主动型基金中触发一次性或预付费用、规避更高
的收费这一优势外，这还有一个税收优势，即对收益延期征税。

- 产品的多样性＝获得合适的产品以减少税收。因为理性
投资组合中的标的证券由非常广泛且易于构建的一系列证券组
成，所以产品供应者可以轻松构建满足特定投资者需求的产品。
例如，一些投资者更愿意将股息再投资于该基金而不是支取。
所以并不是价值 100 美元的指数追踪型基金和所收股息 2 美元，
而是 102 美元全部为指数追踪基金的价值。对于一些投资者来
说，这种结构有很大的税收优势。正是股息相对于资本利得的
这种优势，使得一些交易型开放式指数基金（也称交易所交易
基金）具有节税性。

- 司法管辖区＝为你的投资产品选择合适的司法管辖区。
你是否应该通过在都柏林或法兰克福的交易所买卖基金或指数
基金配置相同的潜在风险敞口？了解你的选择所涉及的税务问
题，因为不同的投资者面临的税务问题可能会有很大的不同。
由于在一个新的司法管辖区设立交易所交易基金的成本并不高，
因此供应商非常容易满足投资者的需求。对于一些投资者来说，
管辖权的问题可能是最重要的，而对另一些投资者来说这不是
什么大问题。[1]

---

① 一些投资者认为，在多个司法管辖区投资，不仅是将当前的税收降至最低的机
会，而且是防止一个司法管辖区税收突然增加的一种方式。

- 税务包装工具＝由于简单的投资组合，税务包装和规划理论上是便宜的。因为理性投资组合的基础产品是相对简单的，潜在节税包装工具（potential tax saving wrappers）理论上应该是更透明、更便宜的。即使具体的税收结构很复杂，你也不用为复杂的投资产品买单。如果你发现自己投资一个电影项目是为了获得税收减免，那么这可能没问题，但如果没有这一包装，则这也可能不是你会进行的投资，因此税收结构存在隐性的额外成本。理性投资组合是如此简单和透明，以至于至少税务包装的投资部分应该是简单的。这种简单性应该会使你在节税时面临的任何其他费用更加透明。

20 世纪 80 年代末，我母亲为了减税买了一些与保险相关的储蓄产品。这些产品把钱投资到股票投资组合中，并且帮她这笔投资节省了 40％的税。当时一切看起来都很好，但我母亲最近意识到，绝对没有办法将税收结构/包装从目前的大型北欧银行中剥离出来。并不是说法律上要求包装税的人这样做，而是因为银行的合同上是这么说的，他们不让我母亲把投资转移到别处去。我想在过去的 20 多年里，为一个包含非常普通的股票投资的包装，她每年被多收 2.5％的费用。几十年来，这家银行基本上一直利用这种结构让我母亲成为该银行的一个高消费客户。如果她当初得到了仅限于法律和税务方面的建议，并将基础投资作为一个单独的事项来实施，那么相比目前昂贵的结构，将节省更多。如果我母亲采用了理性投资组合作为基准的投资，而不是购买税收结构和投资产品的组合产品，那么她被收取的建议费及开设费到底涉及哪些方面的费用将更加透明，而且她会意识到这些成本相比现在她被收取的费用只是一小部分。

税务顾问或税务师

税务规划是一个我强烈建议你去咨询专家的投资领域。如果你有足够的资产，那么咨询的成本可被你希望从咨询中获得的节省额所覆盖。我是非定居英国居民，我是丹麦人。多年来，我一直在努力掌握适用于我自己、我的家人和我从事的行业的税法。起初我自以为在这个问题上有点专家的味道，但我很快就放弃了，因为规则变化太快，而且我也有自己的工作。我发现自己处于对事物一知半解的糟糕状态，要么我不能完全确定我所做的是百分之百正确，要么我在某件事上不是特别精明。

请记住，不管怎么说，理性投资组合由一些相对简单的产品组成。尽管解释这个问题的逻辑和理论可能很复杂，但最终结果却并非如此：它很简单。然而，税收并不简单。①

①　举个例子，本书第一版的一位英国读者写信给我说，对于某些类型的英国纳税人来说，如果不担心美国的房地产税而想获取全球股权风险敞口，那么相比在爱尔兰交易所买卖基金，购买美国产品实际上是一种税收优惠。这正是顾问可以派上用场的地方。

最重要的是，税收不断变化，而且确保遵守税收政策是你的责任。在你阅读本书时，本书提及的优化税负结构的想法可能已经过时，甚至是非法的。

找到合适的税务顾问似乎有些困难。以下是你在挑选候选人时需要仔细考虑的一些方面：

- 他们了解你的情况吗？他们有经验吗？

- 他们清楚如何从你身上赚钱吗？你不希望他们从卖给你的任何投资产品中赚取佣金。尽管越来越多的规定在规范这一点，如英国零售分销审查让顾问对你收取的费用更加透明，但附加间接费用的频繁发生仍令人难以接受。

- 费用是否与竞争对手一致？与你希望节省的税款相比，这些费用是更多还是更少？你是否察觉到他们之所以收取较少的费用是因为他们认为可以向你销售如特殊税收结构之类的其他产品？如果是这样的话，则这是你要考虑的一个问题，因为他们可能没做到完全客观地提供咨询服务。

- 他们是否了解最新的税收变化，以及这些变化对你有何影响？

- 他们会和你花费一些时间来了解你的整体情况，必要的话包括家庭和遗产税问题吗？

- 他们有合规的授权吗？他们是合法机构的成员吗？如果不是，那么原因是什么呢？

- 你们之间有很好的默契吗？这种默契能通过复杂情况的检验吗？

- 他们能帮你节省时间和金钱吗？

- 你能从他们现有的客户了解情况作为参考吗？

一个朋友在不断发展的 IT 行业赚了大钱。她付了税并且更关心的是成为一名成功的女商人，而不是一名成功的税务规划师。在创业初期，她更专注于销售而不是优化公司的税收结构。现在她有点后悔了，因为税收结构很难改变。一些人希望帮助她将税收降至最低，最近在这些人不间断的坚持下她屈服了。一个全新而复杂的世界展现在眼前。她知道一旦进入这个世界，她就将走入迷宫，面临持续不断的费用。但她的资产和收入水平也值得付出这笔费用。于是她选择进入这个世界并且雇用了一家税务公司。现在税收结构的意义展现了出来，但这一点在之前未被她关注到。

咨询你的顾问

除了上面概述的理性投资组合特有的税收优势之外，还有一些其他可能的方法可以在税收上省钱。就像税务领域的任何事情一样，与税务顾问一起理清这些方法只是为了确保政策的改变不会使它们变得无效或非法。

- 不同的账户。许多投资者会有不同的账户，这些账户加起来就是他们的投资组合。一个账户可能是已缴足税款的普通存款账户，而另一个账户是免税账户（例如，一个英国 ISA 账户）。一般来说，不同的账户可能有不同的税务特征；通过将高收入的投资（通常是固定收入）放入免税账户，你可能会减轻总体税务负担。了解什么样的投资适合什么样的账户可以帮你节省税款。例如，如果你在英国纳税，那么拥有一个 ISA 账户几乎总能使你从中获得税收优惠。

- 高效的税收代理。在某些国家，一些特定的政府债券具有税收优势。例如在美国，某些市政债券可以免除某些税收。如果你能够利用这种税收减免，那么这些债券可能是一种更加节税的方式，可以获得实际上相当于最低风险资产的收益。换句话说，在这种情况下，如果没有税收问题的影响，你投资美国政府债券的比例可能就不一样了，但市政债券和国债相当类似，税收优势使这种妥协非常值得。

- 企业投资计划（Enterprise Investment Scheme，EIS）或类似的计划。在英国，在进行创业和某些类型的清洁技术投资时，有一定的税收优惠或政府补贴。虽然根据你的税率有所变化，但这些都是值得了解的。你的税务顾问应该知道所有这些（这些不在本书的范围之内）。

- 赠送证券。把证券送给你的配偶并让其出售，而不是自已持有获得资本利得，可能是有利的（因此可以使用你配偶的总资产净值津贴）。同样，考虑给亲戚送证券，而不是让证券再发生遗产税。（你不能在临死前这么做，所以确认一下法律规定！）

- 主动实现亏损。当你的投资组合实现资本收益时，你可能会亏本出售另一种证券（以抵消收益），然后将出售所得再投资于一种非常类似的证券。投资的相似程度取决于国家，但一定要遵守政策。例如，你可以卖掉在标普500指数上的投资，然后把收益再投资到威尔希尔5000指数上，从而得到一个风险敞口完全相同的不同产品。

- 创建多批交易盘。跟踪你的投资盘。如果你以每股10英镑的价格买入100股，之后再以每股15英镑的价格买入100股，你的平均价格是12.50英镑。如果之后你以每股20英镑的价格卖出100股，那么你希望税收以第二盘的价格（每股15英镑）计算（即每股5英镑的收益），而不是平均每股7.50英镑的收益（基于平均价格计算）。要实现这一点，你可以指定你单独购买的每一批股票，并明确表示你以每股15英镑的价格出售这批股票。

- 税务计划。如果你参加了某种形式的节税计划，那么请确保在你的计划中计算出它被发现不符合政策的实际概率，而这意味着罚款。我太多次看到与税务机关打交道的人发现从财务、情感和时间的角度来看，这整件事令人难以置信地耗费精力，远远超出了任何可能节省的税收的价值。成为卡夫卡小说的主角不是一件值得去做的事情。

像税收这样具体的问题很难一概而论。使税收最小化的潜能通常因个人或机构而异，但这总是很重要的。除了以上几点，你需要在税务计划中保持尽可能大的灵活性，避免把自己困在税收中。不仅你个人的税收环境可能会发生意想不到的变化，而且你经营所处的税收制度也可能会发生变化。这种面对未来变化的"选择"是另一个不提前缴税的理由。估计此类事件发生的可能性比较困难，一些人在税务规划方面没有选择或缺乏灵活性，但对其他人来说保持灵活所带来的好处可能是巨大的。

流动性与理性投资组合

出售你的投资产品

流动性其实关乎你能够多快地变现你的投资组合。如果你手握 5 万股微软股票，那么这对你来说可能是一笔巨款（撰写本书时大约是 30 万美元），并且也是投资组合中比较重要的一部分。但是如果你需要卖出这些股票，那么你可以在几分钟之内完成这项交易并且股价不会改变。每天大约有 500 万手微软股票进行交易，所以你的全部家当只是每天交易量中的很小一部分。

如果你拥有某家公司价值 30 万美元的股票，而这家公司每天的股票交易额为 10 万美元，那么当你急需用钱的时候，这将是一个大问题。让我们假设每股价格是 20 美元，每天交易 5 000 股，那么你大概拥有三天的股票交易量。但是根据经验法则，你可以在不影响股价的情况下卖出日均交易量的 10%，所以通常你事实上是拥有一个月而不是三天的成交量。

假设你正在 2008 年至 2009 年的金融危机中寻找某种流动性不佳的投资产品。你知道股票是流动性较差的产品，但是你心里知道它们没有被早点卖出的必要。你有其他的股票，并且对此投资产品感觉良好。

现在世界的风向改变了，你非常需要投资具有流动性的产品。看看前文所说的那只股票，你会发现股价从 20 美元每股跌到了 15 美元每股（见图 I-1）。不只是 30 万美元投资贬值到了 22.5 万美元，市场流动性也被榨干了，价差也被拉开得巨大。[①] 不稳定的价差使市场变得更糟，卖出股票会立刻影响股票价格。这是令人恐慌的市场，每个人都认为被投资的公司存在一些他们不可知晓的事情。任何坏消息的预兆都会引起市场的恐慌，仅仅是其他投资者对于流动性的需求也会造成以上状况——为什么他们卖出股票？谁知道这类股票会跌到什么程度？

––––––––––––––––

① 价差是指你购买股票的价格与你出售股票的价格之差。

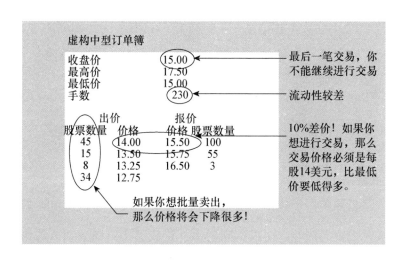

图 I-1 你不会想在当日结束时卖出 1 000 股

你现在非常害怕。你所投资的公司的价值与你变现股票的能力正在逐渐蒸发。现在你应当认识到广泛投资组合的必要性以及不能盲目地持有流动性差的投资。但是现状可能更为糟糕，人生中所有的坏事情可能都在同一时刻发生。

同样的窘境可能发生在投资中小型公司的基金经理身上，大量的投资者要求赎回自己的份额。当投资者拥有超过自己变现能力的股票时，这同时也意味着有许多其他潜在的投资者想在市场下行时卖出股票（如果他只卖出了流动性最高的股票，那么剩下的投资组合的流动性将会更低）。所以即便你是不想在危机中出售股票的投资者之一，你的投资业绩也仍然会受到影响，因为其他投资者竞相退场。

将这种表现与微软投资者进行比较。当微软股价与其他规模较小的公司股价下降程度类似时，它们也会受到相同的冲击，不过，虽然流动性降低了，但投资者仍然能够及时地变现自己的股票。当恐慌席卷整个市场时，现金为王！

最低风险流动性

最低风险资产包括高质量的政府债券。现在市场上流通着万亿美元以上的债券，而以不同货币计价或者有不同到期日的债券的规模都在数十亿美元，它们的交易具有很强的流动性。但是，请好好想想危机来临的那一刻。投资者抛售他们的高风险资产例如股票，在全面的恐慌下变现自己的投资产品。抛售投资产品所得将会存入他们的账户，或是在交易完成后交给委托人。现在又如何呢？特别是在最后几次金融危机中，许多人非常正确地没有在账户中保留很多现金；他们想把现金转移到更为安全的证券上。现在没有比最低风险产品更为安全的投资产品了。

最低风险资产作为避风港，在金融危机发生的时候价格会上升，正如长期债券能在此时获得资本利得。[①] 人们不会在意证券的低收益，反而更害怕失去自己的本金。最低风险资产成了

---

① 在恐慌中，投资者为了安全的收益会选择低利率的债券。对于短期债券，它们的价格上涨会有限制，因为它们本身就是以近乎票面价值的价格进行交易的；但是长期债券涨势会更为猛烈。

防弹级保值工具，经常随着经济形势恶化而升值。

股权投资组合与高流动性的风险债券

　　全球股权投资组合是你可以找到的流动性最高的理财产品。指数追踪型产品覆盖的成千上万的股票代表着你间接地拥有全球最大公司的一小部分。所以除非你拥有主权基金一类的投资产品，那么你不必太关心全球股权投资组合的流动性问题。即便你所持有的产品的价值下降，你也可以在股价不变的情景下变现投资产品。

　　同样，包含次 AA 评级的政府债券与企业债券的投资组合的流动性也较好。正如广泛股权指数的例子显示的，那里存在广泛且多样的风险敞口。这些风险敞口的标的证券都具有独立的流动性，在每种证券只是整个投资组合的一部分的前提下，政府债券与企业债券的整体风险敞口也具有不错的流动性。但是不仅如此，对于许多指数追踪型产品，"授权参与者"（把他们当做经纪人或者做市商）其实是把它们拆分成若干个独立的部分以保证流动性。所以如果"授权参与者"持有富时 100 指数的交易型开放式指数基金，而不是持有追踪型产品，他们就有权选择获取 100 种标的股票，保证其他市场参与者有相似的流动性。因此你可以间接获取富时 100 指数的 ETF 的流动性或是

100 种标的股票的流动性。

理性投资组合的风险敞口是全球成千上万的标的证券的间接风险敞口。它和其他投资证券一样，会在市场下行时受挫，但是流动性风险较小。

因为流动性只有在你需要却得不到它时才显得重要，所以我们经常在日常生活中忘记这个特点。大多数人没有过着像产品经理一样的生活，产品经理整天将实时数据输入 Excel 表格，时刻关注它们的统计数据的更新状况。我们只是偶尔地关注投资产品，或许只是在买入卖出与发生较大价格变动时才会特别在意。否则，我们只是将它束之高阁，然后继续过自己的日子。

通过大量且广泛的指数例如全球股权指数获知我们的股权风险，我们避免了相当现实的流动性风险。但是往往只有当我们确实不想让这种情况发生时，它才反而会抬头。如果你的投资组合中包含许多小型公司、房地产、私募股权投资以及私人投资，那么请务必确保洞悉自己的流动性状况，以免遭遇流动性紧缺危机。

保障收益——非流动投资产品应当得到更好的回报

投资者需要为缺乏流动性付出代价。假设你拥有两种非常相似的投资产品，它们的风险/收益状况、税务状况都非常相似，并且都能使投资组合多元化。现在我要求你放弃其中一种，持有另一种 5 年或 5 年以上，正如你在其他私募股权或是许多房地产投资中所做的一样。很明显，你会留有变现自己投资的余地，即便你最后不会这样做。非流动的 5 年投资需要某些额外收益使其与流动性投资获益相当（见图 I - 2）。

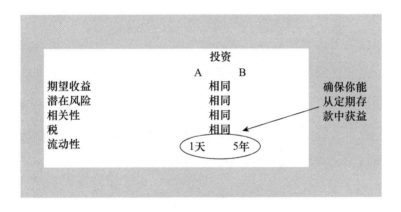

图 I - 2   比较投资

一些非流动投资明显存在退出壁垒（交易者会说没人愿意出价接盘）。有鉴于此，缺乏流动性的投资必须有溢价补偿你的资金被套牢的风险。投资者要求的补偿金额千差万别。对我个人来说，投资市场是一个充满不确定性的世界，未来的机遇很大，因此我不想把我的钱放在 5 年定期投资中，除非这确实能给我带来巨大收益。但是人各有志，如果你知道自己不会在 20 年内需要这笔钱或是只把自己资产的一小部分投入非流动证券，那么定期存款的损失也就不算个事了。

上述例子指出了我与私募股权投资、房地产、私人投资等长期投资打交道时主要存在的问题。但是精心构建的产品或对冲基金也不会对流动性具有免疫性。在 2008—2009 年的金融危机中，许多对冲基金暂停赎回，因为它们的标的投资与投资者的流动性期限不匹配。结果对冲基金不能履行它们的赎回承诺，许多投资者也因此陷入困境。

将理性投资组合这种高流动性的投资产品与 5 年定期的产品相比似乎并不恰当，金融文献常常因这类简化而备受诟病。它们常常宣传"购买英国小型股票指数或是现有市场中型基金"而不讨论流动性限制与这些产品的问题。

重新思考流动性

流动性就像税负一样很难一概而论，流动性偏好也因人而异。但是具体到个人时，投资者需要仔细考虑自己的投资组合的整体流动性与变现能力变化的影响。我们通常只会在不得不思考流动性的情况下考虑投资的流动性，但这通常也不是一个合适的时机。

在同样的收益下，缺乏流动性的潜在危害增强了流动性高且范围广的投资的吸引力，例如理性投资组合。可能一些人会低估流动性的危害，我希望他们永远不会面对这种困境。身陷困境之时你可能会希望快些筹措资金，最具有流动性的产品可能会缓解你的燃眉之急。

实体 ETF 还是合成 ETF?

ETF 可简略地分为两类: 合成的和实体的。简单来说, 实体 ETF 指的是 ETF 的持有人通过 ETF 拥有所有的或者一种标的证券。如果你持有标普 500 指数的 ETF, 那么你就实际拥有相应数量的这 500 家公司的股票。如果一只指数追踪型 ETF 没有包含指数的全部成分股, 那么这将导致追踪错误。这种跟踪错误是完全正常的, 除非供应商因此而一直表现不佳 (可能有其他原因), 否则你不应该期望会从主要 ETF 中赚取或损失大量资金。

合成 ETF 有一些不同。供应商, 比如德意志银行 (其品牌是 DB Trackers) 的目标是复制指数的表现, 但是你作为投资者并不拥有标的资产。这构成了一个信用风险敞口 (这里是德意志银行），以防它破产。合成 ETF 的供应商辩称它们通过衍生品可以更好地复制指数的表现。此外，还有大量的抵押品支持这种 ETF。因此如果你有 100 美元的合成 ETF，那么可能有 120 美元的其他证券支持它。供应商还认为这会使合成 ETF 的风险最小化，且获取更准确的跟踪指数是非常有价值的，也许还能从合成 ETF 供应商的金融策略中获得更好的回报。

我最近在帮助一家非洲发展机构为其投资组合选择 ETF。当我试图解释实体 ETF 和合成 ETF 的区别时，一名董事打断了我："所以你的意思是，就其中一种而言，我们拥有我们持有的，而就另一种而言，如果德意志银行破产，则我们拥有的是一些其他的东西。如果我试着向首相解释我们将纳税人的钱投资了合成的或者其他的衍生产品，那么他可能会活活吃了我。"

所以我们选择了实体 ETF。

我明白为什么很多人选择实体 ETF。合成 ETF 对许多人来说不太好，而且简单的解释也不能使他们接受。就本人来讲，我对接受合成 ETF 没有问题，并且愿意接受随之而来的小小的额外风险。尽管实体 ETF 主导了市场，但是与基于税收状况、流动性和成本来选择合适的 ETF 相比，在实体 ETF 和合成 ETF 之间做出选择并不重要。

图书在版编目（CIP）数据

至简投资：第 2 版/（英）拉尔斯·克罗耶（Lars Kroijer）著；陈宋生
译. －－北京：中国人民大学出版社，2020.12
ISBN 978-7-300-28756-0

Ⅰ.①至… Ⅱ.①拉…②陈… Ⅲ.①投资-基本知识 Ⅳ.①F830.59

中国版本图书馆 CIP 数据核字（2020）第 216558 号

至简投资（第 2 版）

拉尔斯·克罗耶　著

陈宋生　译

Zhijian Touzi

出版发行	中国人民大学出版社	
社　　址	北京中关村大街 31 号	**邮政编码**　100080
电　　话	010－62511242（总编室）	010－62511770（质管部）
	010－82501766（邮购部）	010－62514148（门市部）
	010－62515195（发行公司）	010－62515275（盗版举报）
网　　址	http://www.crup.com.cn	
经　　销	新华书店	
印　　刷	德富泰（唐山）印务有限公司	
规　　格	148 mm×210 mm　32 开本	**版　次**　2020 年 12 月第 1 版
印　　张	11.375 插页 2	**印　次**　2020 年 12 月第 1 次印刷
字　　数	196 000	**定　价**　69.00 元